WÜRZBURG

Guide de la ville

Photos : Elmar Hahn

Textes : Christine Weisner

Traduction : Claire Pascal

Conception : Klaus Schinagl

Würzburg, vue d'ensemble

Avec plus de 120 photos en couleurs, le plan de la ville, des esquisses d'orientation, des adresses et ce qu'il faut voir

elmar hahn verlag

ISBN 978-3-928645-64-5

Lettre du maire de la ville

Soyez les bienvenus à Würzburg !

« Würzburg est une de ces villes dont la simple énonciation du nom évoque la joie de vivre et fait battre le cœur » : ce n'est pas seulement l'enthousiasme de l'écrivain Josef Hofmiller mais celui de beaucoup de visiteurs, plus ou moins connus, de la capitale de la Franconie du Main.

Outre sa situation pittoresque dans la vallée du Main, des monuments uniques fondent la renommée de Würzburg, sa reconstruction réussie après la destruction de la guerre en fait de nouveau une des plus belles villes allemandes. Citée des Arts et des Sciences, centre œnologique de la Franconie, Würzburg est une ville connue dans le monde entier.

Le Guide que vous tenez en main vous informe de façon compétente sur l'histoire et vous accompagne à la découverte des nombreuses curiosités de Würzburg tout en vous donnant des conseils pratiques pour profiter au mieux des possibilités et de l'atmosphère conviviale de notre ville.

Je vous souhaite un agréable séjour à Würzburg et que la visite de notre ville vous laisse d'inoubliables souvenirs.

Georg Rosenthal
Maire

Vue d'ensemble de l'histoire de la ville

Vers 1000 ans av. J-C refuge fortifié sur la colline Marienberg

Vers 500 ans av. J-C des princes celtes s'installent sur la colline

100 ans av. J-C arrivée de populations germaniques : Burgondes, Alamans et Thuringiens

Vers 600 fortification de la colline et de St. Burkard, siège ducal sur la rive droite

689 mort des martyrs Kilian, Kolonat et Totnan, missionnaires irlandais

704 première mention officielle du « castellum Virteburch »

706 consécration d'une église sur la colline de la forteresse

742 Saint Boniface fonde l'évêché de Würzburg dont Burkard est le premier évêque

788 consécration de la première cathédrale de pierre en présence de Charlemagne

Avant l'an mille, début des fortifications de la ville sur la rive droite (la future « mitre »)

1133 premier pont de pierre sur le Main

1147 pogrome suivi d'autres en 1188 et 1298

1156 mariage à Würzburg de l'empereur Barberousse avec Béatrice de Bourgogne

1168 Barberousse confirme les droits civils de l'évêque de Würzburg

Vers 1200 agrandissement de l'enceinte fortifiée de la ville qui a maintenant 5 000 habitants

1201 l'évêque Konrad von Querfurt commence la construction de la forteresse Marienberg qui deviendra sa résidence

Vers 1230 Walther von der Vogelweide est enterré au Lusamgärtlein

1316 achat du bâtiment Grafeneckart qui sera utilisé comme Hôtel de Ville

1316-1319 fondation de l'hospice Bürgerspital

1349 pogrome et déclin de la communauté juive du Moyen Age

1377 pose de la première pierre de la Marienkapelle sur l'emplacement de la synagogue

1400 bataille de Bergtheim, défaite contre les troupes de l'évêque
1518 deux visites de Martin Luther à Würzburg
1525 défaite des troupes de la ville et des paysans contre celles de l'évêque pendant la guerre
1576 fondation de l'hospice Juliusspital
1582 fondation de la faculté par Julius Echter
1631 la ville et la forteresse sont prises par les Suédois au cours de la Guerre de Trente Ans
Dès 1650 construction des nouvelles fortifications baroques sous Johann Philippe von Schönborn
1720 Philippe Franz von Schönborn commence la construction de la Résidence
1749 après un des derniers procès en sorcellerie, exécution de Maria Renata Singer
1753 Tiepolo termine les fresques de la Résidence
1796 les troupes françaises de la Révolution occupent la ville et la forteresse ; elles se retireront non loin de Würzburg après la défaite contre le grand duc Karl
1802-1803 rattachement de Würzburg à la Bavière, protestants et juifs ont le droit de s'installer dans la ville
1804 fondation de ce qui deviendra le théâtre municipal
1806 sous Ferdinand de Toscane Würzburg devient Grand Duché
1814 Würzburg de nouveau possession bavaroise
1817 dans l'ancien cloître sécularisé d'Oberzell création de la première presse d'imprimerie Koenig & Bauer
1841 début de la navigation à vapeur sur le Main
1852 Würzburg a quelque 30 000 habitants
1854 la ville est desservie par le train
1866 la forteresse est prise par la Prusse lors de la guerre contre la Bavière
A partir de 1868 la ville achète les terrains des fortifications sur la rive droite du Main et les rase ; de nouvelles rues et le parc Ringpark les remplacent
1895 Wilhelm Conrad Röntgen découvre les rayons X
1892 premiers tramways, tirés au début par des chevaux
1905 plus de 80 000 habitants au centre ville et dans les nouveaux quartiers
1922 premier Festival Mozart
1930 Heidingsfeld est rattaché à la ville
5 mai 1933 les national-socialises obtiennent 31, 46% des suffrages aux élections du Reichstag
17 juin 1943 déportation des derniers juifs de la ville
16 mars 1945 bombardement par la Royal Air Force, 5 000 morts et destruction quasi totale du centre ville
1947 ouverture du musée Mainfränkische dans la forteresse
1962 jumelages avec Caen et Dundee, puis avec Rochester, Mwanza, Otsu, Salamanque, Suhl, Umea et Bray
1964 rattachement au réseau des autoroutes
1965 début des travaux de la nouvelle faculté Hubland
1973 Würzburg devient « Ville d'Europe »
1974-1978 la ville obtient sa taille actuelle après avoir annexé quelques banlieues
1985 ouverture du Centre de Congrès
2002 ouverture du musée Kulturspeicher
2004 la ville fête son 1300ième anniversaire
2007 ouverture du musée Shalom Europa

En haut : la plus ancienne représentation de Würzburg, lithographie de 1493 (chronique Schedel'schen).

Eglise, vin et sciences

Ce sont des évêques qui, pendant plus de mille ans, régnèrent sur Würzburg, ce qui marque le panorama actuel de la ville, avec toutes ces **flèches d'églises** et la **Résidence**. Napoléon l'appela même une fois la plus belle cure d'Europe.

Cette hégémonie prit fin il y a environ deux cents ans. **La ville baroque**, ancienne résidence des princes évêques, ne devint pas pour autant une importante ville industrielle au XIXe ; tout au contraire, elle sut jouer d'autres atouts avec son université, son excellente qualité de vie et sa situation privilégiée au bord de fleuve, au milieu des vignes. Des facteurs qui n'ont rien perdu de leur valeur.

Situation privilégiée

Avec un climat clément au bord d'un fleuve méandreux et facilement guéable, une colline dont les flancs résistent aux assauts, il n'est pas étonnant que le site fut habité de bonne heure. Les plus anciennes traces de vie au centre de la ville remontent à 5600 av. J-C selon les experts et les premières fortifications sur la **Marienberg** datent de 1000 av. J-C. Des tessons de céramiques grecques trouvés lors de fouilles sur la forteresse permettent de supposer que, dès l'époque néolithique, de puissants seigneurs celtes, pouvant se permettre d'importer de tels objets de luxe, y résidaient.

Les Burgondes, Alamans et Thuringiens peuplèrent la région cent ans av. J-C et c'est vers cinq cents de notre ère que la culture des Francs put rayonner enfin jusqu'aux bords du Main.

Une communauté qui se développe

En 704, il y a donc plus de 1300 ans, le comte franc Hétan II et sa femme Théodora signèrent une donation faite à **« Castello Virteburch »**. Hétan II était le dernier de sa lignée et **la légende de Saint Kilian** l'explique ainsi : Gailana, épouse **d'Hétan Ier** s'était remariée après la mort de celui-ci avec son beau-frère Gosbert. Le missionnaire irlandais **Kilian** voulait faire annuler ce mariage consanguin d'après les règles chrétiennes

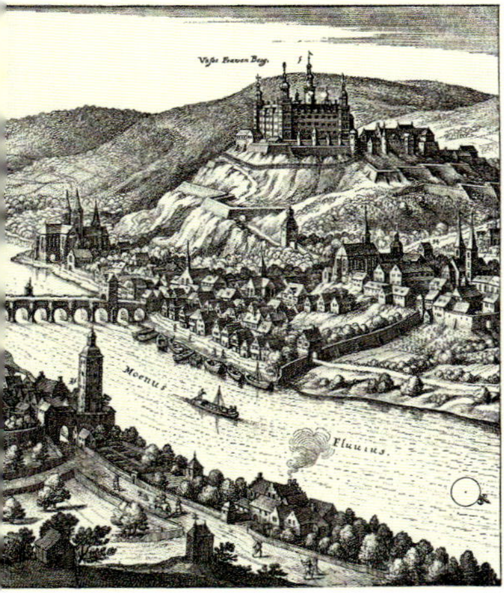

de l'époque, alors Gailana le fit assassiner ainsi que ses compagnons **Kolonat** et **Totnan** en 689. Gailana expia cette faute par une mort horrible et la famille ducale s'éteignit au bout d'une génération. Les restes des martyrs furent découverts plus tard dans une écurie et attirèrent de nombreux croyants. Un nouveau lieu de **pèlerinage** s'établit, permettant à la ville de gagner de l'importance.

Au début du Moyen Age, on distingue deux centres : l'un sur la rive gauche, au bas de la colline, fortifié lui aussi depuis longtemps et l'autre sur la rive droite, une surface un peu surélevée qui deviendra plus tard le **quartier de la cathédrale.**

En 742 **Saint Boniface** fonde l'évêché de Würzburg dont **Burkard** deviendra le premier évêque et quelques années plus tard la première **cathédrale** fut consacrée sur la rive droite. A cette époque la ville se développe sur cette rive offrant de vastes terrains plats.

En haut : Würzburg dans l'enceinte médiévale de Matthäus Merian vers 1633.

La rue de la cathédrale, Domstraße, sur laquelle se tient aussi le marché, devient l'axe central et vers l'an mille la ville sur la rive droite se voit, elle aussi, entourée de sa première **enceinte** fortifiée dont les anciens contours se retrouvent dans le tracé des rues Juliuspromenade, Theaterstraße, Balthasar-Neumann-Promenade puis Neubaustraße qui forment une sorte de **mitre** à l'intérieur de laquelle se trouve le centre historique de la ville. De nouvelles habitations et des cloîtres s'installèrent bientôt tout autour, si bien que vers 1200 ces murailles furent repoussées en plusieurs endroits pour inclure les nouveaux quartiers.

Würzburg avait alors une **communauté juive** florissante et les **rabbins** fort lettrés jouissaient bien au-delà de la ville d'un excellent renom dans le monde juif. La cohabitation pacifique entre juifs et chrétiens fut cependant plusieurs fois interrompue par des pogromes, jusqu'à ce qu'en 1298 et 1349 de terribles persécutions mettent fin à la communauté juive moyenâgeuse.

Conflits de puissance

Dès le début, les évêques de

Herbipolis – Würzburg, ville des Herbes ?

Au VIIe, le géographe de Ravenne composa une description de toutes les villes connues et parla, ce faisant, d'un lieu nommé « Ubursis » ou « Wurziburg », vraisemblablement donc Würzburg. Les autres anciennes dénominations y ressemblent et la syllabe « Würz » a été très tôt rattachée au mot « Gewürz », fines herbes. Le nom latin d'« Herbipolis » serait ainsi expliqué, ce qui n'est pas prouvé mais fort plausible : la vigne pousse bien sur les coteaux ensoleillés, mais aussi de nombreuses sortes d'herbes.

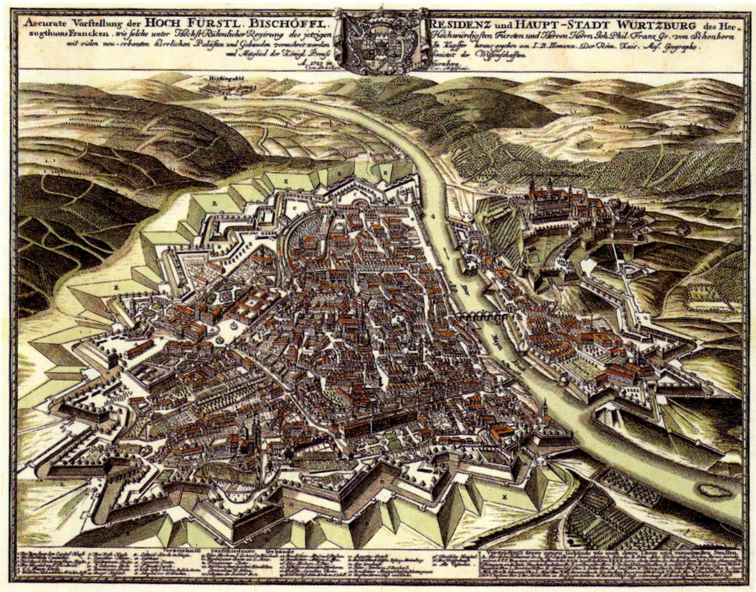

Würzburg s'intéressèrent au pouvoir et l'obtinrent. Les évêques devinrent des **princes-évêques** qui dans leurs fonctions laïques jouaient également un rôle important à l'intérieur de l'Empire. Ils entraient en même temps en conflit avec les habitants qui voulaient se débarrasser de cette tutelle et exercer eux-mêmes le pouvoir. Ce qui entraîna plus d'une guerre, toutes gagnées d'ailleurs par les forces ecclésiastiques qui, entre-temps, s'étaient réfugiées dans la **forteresse Marienberg** dont elles fortifiaient sans cesse les murailles. L'an 1400 vit l'apogée de ce conflit : le **roi Wenceslas** avait promis à la ville les libertés impériales mais se rétracta peu de temps après. La ville essaya donc d'atteindre son but par les armes et fut battue à plates coutures au nord de la ville, dans **la bataille de Bergtheim**. L'ultime défaite des habitants se passa lors de la **Guerre des Paysans**, en 1525, quand ils s'allièrent une toute dernière fois, mais en vain, aux Gueux contre le pouvoir épiscopal.

En chemin vers la Résidence

Par ailleurs la Réforme, à laquelle de nombreuses personnes se rattachèrent, menaça le pouvoir de l'Eglise catholique. En 1573 **Julius Echter von Mespelbrunn** fut nommé prince-évêque, il se révéla un adversaire redoutable de la Réforme et laissera avec la fondation de l'hospice **Juliusspital** et de **l'université** des traces indélébiles. Echter repoussa les **protestants** hors de la ville et commença une chasse aux **sorcières** impitoyable qui devait atteindre son apogée horrible sous son successeur **Ehrenberg**. Après la prise de la ville par les Suédois lors de

En haut : Würzburg après la construction des fortifications baroques, gravure de 1723.
A droite : la foire de Kiliani devant l'église Neumünster par G. Stanfield vers 1876.

la **Guerre de Trente Ans**, le prince-évêque **Johann Philippe Franz von Schönborn** commença, une fois la paix revenue, la construction de fortifications baroques dernier cri.

Au XVIIIe la ville, résidence des princes-évêques, fut remaniée pour devenir une ville baroque. **La Résidence** en est le magnifique fleuron où les évêques résideront.

Franconie bavaroise

L'époque de Würzburg, Etat minuscule, se termine en 1802-1803 quand la ville revient à la **Bavière**, à laquelle elle sera définitivement rattachée en 1814 après le court épisode du **« Grand Duché de Toscane ».** Mais jusqu'à aujourd'hui la mentalité franque, la sonorité du dialecte et la façon de vivre se distinguent nettement du naturel bavarois.

L'ensemble des imposantes fortifications baroques que le gouvernement de Bavière voulait à tout prix conserver jusqu'en 1856, (et même jusqu'en 1867 pour la partie sur la rive gauche), s'opposera à l'urbanité du XIXe. **Le Ringpark**, parc en demi-cercle autour d'une partie de la ville sur la rive droite, remplace les murailles rasées à partir de 1880. Il fut tout d'abord critiqué avant de se révéler un gain pour la ville. **La faculté** en profitera aussi, construisant une série de bâtiments sur les parcelles devenues libres.

De nouveaux **quartiers** sont bâtis et, en plus du Vieux Pont sur le Main, deux nouveaux, les ponts Luitpold et Ludwig, enjambent le fleuve. En 1930 la petite ville de Heidingsfeld sera la première des communes voisines à être annexée.

« Reconstruction sur les ruines »

Le 16 mars 1945, quand le centre de la ville se retrouve presque entièrement détruit par un bombardement de l'armée de l'air britannique, est une date fatidique. Cinq mille personnes trouvèrent la mort.

Würzburg semblait rayée de la carte

mais bientôt les habitants revinrent dans la ville, la remplissant à nouveau de vie. La reconstruction des monuments ne se fit pas si rapidement, on prit le temps nécessaire pour une reconstruction sensée. La partie centrale de la **Résidence,** entre autres, n'avait pas été détruite et de nombreuses œuvres d'art mises en sûreté, alors que bien d'autres étaient perdues pour toujours. Cependant le caractère de la ville, formé au long des siècles, était préservé et aida à une reconstruction sensible respectant le tracé des anciennes rues et les proportions d'antan.

Würzburg aujourd'hui

L'économie est marquée par une multitude de **PME**, parmi lesquelles de nombreux éditeurs et de plus en plus de spécialistes des technologies de pointe. S'y ajoutent des **centres administratifs et commerces de détail.** Parmi les rares grandes industries connues dans le monde entier notons **Koenig & Bauer** qui fabrique des rotatives ou bien **Mero-TSK** célèbre pour ses constructions en acier. L'enseignement et la recherche jouent un rôle prépondérant avec quelques 25 000 étudiants fréquentant les **IUT**, le **conservatoire de musique** ou la **Julius-Maximilians-Universität,** d'excellent renom en médecine et biologie. La ville est également célèbre comme **ville de congrès** grâce à sa situation centrale très bien reliée aux réseaux ferroviaire et autoroutier dans un cadre particulièrement attrayant.

Des chiffres et des faits

Nombre de habitants : 135 212*

Altitude du centre ville : en moyenne 180 m au dessus du niveau de la mer

Altitude à la Frankenwarte : 360 m au dessus du niveau de la mer

Würzburg est au cœur du vignoble de Franconie. Dans la vallée du Main, protégée des intempéries, règne un climat doux (moyenne en juillet : 18,3 degrés) avec relativement peu de précipitations (environ 600mm/an).

* (Bayer. Landesamt für Statistik, 2007)

Accès
Il est très facile d'arriver à Würzburg, que ce soit par **l'autoroute** (A3, A7, A81) ou par **le train** (ICE). La gare est centrale et bien reliée par les moyens de transports en commun. Une ligne directe dessert **l'aéroport de Francfort**, également d'accès facile par l'autoroute.
Les cyclistes apprécieront le réseau de **pistes cyclables** le long du Main, et celui qui voudra découvrir l'Allemagne du Sud romantique se trouve ici au départ de la **Route Romantique.**

Meilleure période
Le printemps et l'automne sont les saisons privilégiées par les touristes, mais d'autres périodes, comme par exemple août, (mois des vacances scolaires bavaroises), sont de plus en plus recherchées par les touristes. Il est sage de réserver longtemps d'avance pour un séjour pendant les grands festivals et fêtes du vin.

Centre ville, divers quartiers et parcs
Le centre historique, avec la plupart des magasins et les principaux monuments, est situé sur la rive droite, à l'intérieur de ce verdoyant demi-cercle, **la mitre**, délimité par les rues Juliuspromenade, Theaterstraße, Balthasar-Neumann-Promenade et Neubaustraße, auquel s' ajoute, sur la rive gauche, le **Vieux Quartier** au pied de la citadelle Marienberg.
Les nouveaux quartiers sont, sur la rive gauche, **Zellerau** et, sur la rive droite, de chaque côté des voies ferrées **Grombühl**, anciennement peuplé de cheminots, puis **Frauenland**, qui s'étend jusqu'aux nouvelles constructions universitaires de **Hubland**, et finalement **Sanderau**.
La petite ville historique de **Heidingsfeld**, au sud, fut annexée à la ville dès 1930 ; et trente ans plus tard on commença à construire sur le versant attenant le tout nouveau quartier de **Heuchelhof** qui s'étend de nos jours jusqu'à la commune de **Rottenbauer.** Cette dernière fut elle aussi annexée dans les années 70 avec **Versbach** et **Lengfeld**.
Les nombreux espaces verts, pénétrant jusqu'au cœur de la ville, sont remarquables ; parmi eux les terrains des Floralies, **Landesgartenschaugelände**, et les **vignobles au pied de la forteresse**. Le célèbre coteau produisant le vin **« Am Stein »** se trouve derrière la gare. **Le parc naturel Frankenwarte** se trouve sur les hauteurs derrière la chapelle baroque Käppele.

A gauche : Würzburg en ruine par Leo Dittmer, 1946. Vue du Vieux Pont sur le Main vers la cathédrale.

Mobilité sur place
Würzburg est une petite grande ville, les distances sont telles qu'on peut facilement les parcourir **à pied** en découvrant le centre ville. On peut se garer en ville dans de nombreux **parkings** indiqués par un sys-

Malice des (noms de) ponts
A part le Vieux Pont sur le Main, Alte Mainbrücke, tous les ponts de Würburg disposent d'au moins deux noms, par exemple:

***Laurentiusbrücke** = Pont de Zell, Zeller Brücke*

***Brücke der Deutschen Einheit**, Pont de la Réunification = Pont Talavera, Talaverabrücke*

***Luitpoldbrücke** = Pont de la Paix, Friedensbrücke*

***Ludwigsbrücke** = Pont aux Lions, Löwenbrücke*

***Konrad-Adenauer-Brücke** = Pont au Sud, Südbrücke = Pont du Chemin de Fer, Eisenbahnbrücke = Pont de Heidingsfeld, Heidingsfelder Brücke*

tème donnant le nombre de places disponibles, néanmoins au centre il s'agit en général d'un stationnement payant.

Plusieurs lignes de tramways parcourent la ville du nord au sud en desservant fréquemment le centre historique dans la journée. **La ligne de bus 9,** allant de la Résidence au musée d'art moderne, Kulturspeicher, puis à la forteresse Marienberg est à recommander aux touristes mais ne fonctionne que pendant la saison touristique, alors que **la ligne de tramway 35** allant de Sanderring à la Frankenwarte et la Käppele fonctionne toute l'année. Ce que tous les touristes devraient voir peut se faire également en voiture ou même lors de plusieurs promenades pédestres.

Célèbres contemporains

Le joueur de basket **Dirk Nowitzki** et **Frank-Markus Barwasser,** alias **Erwin Pelzig,** célèbre humoriste sont de Würzburg tandis que l'économiste **Peter Bofinger,** un des cinq sages, enseigne à l'université de Würzburg.

Visites

A part la Résidence, les musées sont en général fermés le lundi. Les nombreuses **églises** sont normalement ouvertes en dehors des heures des services religieux. Une brochure vous informe de l'heure des messes en ville, par contre dans la cathédrale il y a des heures de visites réglementées.

Ce qu'il faut voir

① La Résidence
② La cathédrale Saint Kilian
③ Le Vieux Pont sur le Main

En haut : vue sur la forteresse Marienberg peinte par Erich Heckel en 1927.
A droite : la ville médiévale avec la cathédrale en son centre.

④ La forteresse Marienberg avec la collection Riemenschneider dans le musée Mainfränkisches Museum
⑤ La chapelle Käppele
⑥ La Maison au Faucon, Falkenhaus
⑦ La chapelle Marienkapelle
⑧ L'église Neumünster
⑨ Le jardinet Lusamgärtlein

Proposition de visite :

La visite commence sur **le Vieux Pont sur le Main** ③, se continue par la Place du Marché pour se rendre à la chapelle **Marienkapelle** ⑦ et à la **Maison au Faucon** ⑥ où se trouve l'office du tourisme. Après avoir vu l'église **Neumünster** ⑧, visite de **la cathédrale** ②. Par une petite porte latérale à gauche on passera dans le jardinet du cloître **Lusamgärtlein** ⑨, dont l'entrée est située derrière le chœur de l'église Neumünster. Puis par la rue Hofstraße, on se rendra à **la Résidence** ①. De là, la ligne de bus 9 (uniquement pendant la saison touristique) vous conduira à **la forteresse** avec son musée ④. Pour rentrer, on a le choix entre le bus ou une très jolie promenade qui nous reconduira au Vieux Pont sur le Main. Une promenade supplémentaire emmène à **la Käppele** ⑤. Hors saison une visite séparée de la forteresse est conseillée (voir au chapitre forteresse).

Proposition de visite pour gens pressés :

On part aussi du **Vieux Pont sur le Main** ③ avec une splendide **vue d'ensemble sur la ville, la forteresse Marienberg** ④ et la chapelle baroque **Käppele** ⑤. Par la rue de la cathédrale on arrive à l'église **Neumünster** ⑧ et à la **cathédrale** ② puis au jardinet **Lusamgärtlein** ⑨, de là on se rend à la **Résidence** ①.

Château au-dessus des châteaux

Patrimoine de l'UNESCO –
un ensemble culturel de 340 pièces –
la célèbre fresque de Giovanni Battista Tiepolo au plafond –
le cabinet des glaces –
le festival Mozart et les caves de la Staatlicher Hofkeller

A gauche : des jardins Hofgarten, vue sur l'aile sud de la Résidence.
En haut : le peintre Matthias Grünewald au pied de la fontaine Frankonia sur la place de la Résidence.

La Résidence de Würzburg

Les contemporains disaient qu'elle était « un château au-dessus des châteaux » et Napoléon « la plus belle cure d'Europe », et dès 1981 l'UNESCO la mit sur sa liste du patrimoine. Ces admirateurs ont de bonnes raisons. N'est-ce pas ici que les meilleurs artistes européens œuvrèrent ensemble de façon géniale, réussissant la synthèse de différents courants pour en faire une œuvre d'art à part, donnant naissance ainsi au « rocaille würzbourgeois » ?

Historique de la construction

Dès 1683 les chanoines avaient décidé que la cour devait quitter l'antique forteresse pour descendre en ville. A cet effet **Antonio Petrini** construisit un petit château, dans lequel personne n'emménagea d'ailleurs car il était littéralement construit sur le sable. Il n'en reste aujourd'hui que le **palais Rosenbach** situé au nord de la place de la Résidence. Il ne fut plus question de déménagement jusqu'à ce que **Philippe Franz von Schönborn**, dès sa nomination au poste de prince-évêque, reçoive une somme à laquelle il ne s'attendait pas, après avoir gagné un procès. Immédiatement il ressentit la maladie connue des Schönborn, « la constructionite » et, en 1720, la première pierre de la Résidence fut posée. Comme architecte il choisit le jeune **Balthasar Neumann** qui n'avait aucune expérience et dut donc non seulement répondre aux exigences des Schönborn, grands amateurs d'architecture, mais aussi se justifier vis-à-vis de l'élite des architectes de cette époque. **Maximilian von Welsch** de Mayence, **Johann Lucas von Hildebrand** de Vienne et les Français **Robert de Cotte** et **Germain Boffrand** examinèrent les plans, firent des suggestions mais c'est Neumann qui décida seul et sut réaliser ce qu'il avait imaginé.

A l'évêque Schönborn succéda en 1724 **Christophe Franz von Hutten,**

La Résidence de Würzburg, histoire de la construction

un adversaire de la construction, qui cependant termina l'aile nord avant de cesser les travaux qui ne reprirent qu'en 1729 avec l'arrivée de **Friedrich Karl von Schönborn** qui acheva le gros œuvre en 1744. Après une nouvelle interruption, ce fut finalement **Carl Philippe von Greiffenclau** qui commença la décoration intérieure et les dernières pièces ne furent finies qu'en 1781. Et c'est ainsi que la petite ville de Würzburg s'enorgueillit d'un château aux dimensions européennes. Cependant dès 1802-1803 la Bavière, puissante voisine, arriva au gouvernement et en fit une résidence secondaire des rois de Bavière.

A voir absolument à la Résidence

1. ***Fresque de Giovanni Battista Tiepolo au plafond de l'escalier d'honneur***
2. ***Salle de l'Empereur***
3. ***Cabinet des Glaces***
4. ***Eglise Hofkirche***
5. ***Musée Martin-von-Wagner***
6. ***Caves de la Staatlicher Hofkeller***
7. ***Jardins à la Française, Hofgarten***

En haut : la partie centrale, avec la salle de l'Empereur, domine la façade sur jardin.

Pages suivantes : la fontaine Frankonia-brunnen de 1894 dans la cour d'honneur de la Résidence.

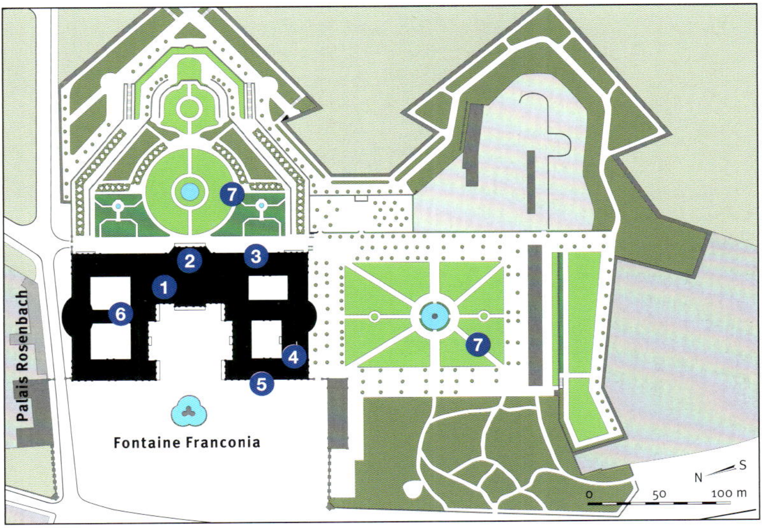

1922 est l'année de la fondation du **Festival Mozart.** Depuis il est inséparable du cadre romantique de la Résidence et de ses jardins.

La Résidence fut également touchée lors des bombardements du **16 mars 1945** cependant la voûte centrale résista et c'est ainsi que fut sauvée la célèbre peinture de **Tiepolo.** L'officier américain **John D. Skilton**, chargé de la protection des œuvres d'art, organisa une rapide protection des toitures endommagées. Une partie du mobilier avait pu être sauvegardée, néanmoins **la reconstruction** minutieuse ne put être terminée qu'en 1987. La conservation de ces œuvres d'art uniques au monde nécessite constamment de nouvelles mesures de restauration.

Suggestion pour la visite

Au début, **la cage de l'escalier** ❶ si renommée, **la salle de l'empereur** ❷ et d'autres pièces. L'accès à l'aile sud où se trouve **le cabinet des glaces** ❸ n'a lieu qu'avec une visite guidée.

1. Vestibule, entrée
2. Salle des Jardins
3. Cage de l'escalier
4. Salle Blanche
5. Salle de l'Empereur (sud)
6. Appartements de l'Empereur
7. Cabinet des Glaces
8. Galerie
9. Salle du personnel
10. Appartements de l'Empereur (nord)
11. Salle Verte
12. Galerie d'Etat
13. Pièce Ingelheim
14. Salle Bleue
15. Salle des Princes
16. Eglise Hofkirche

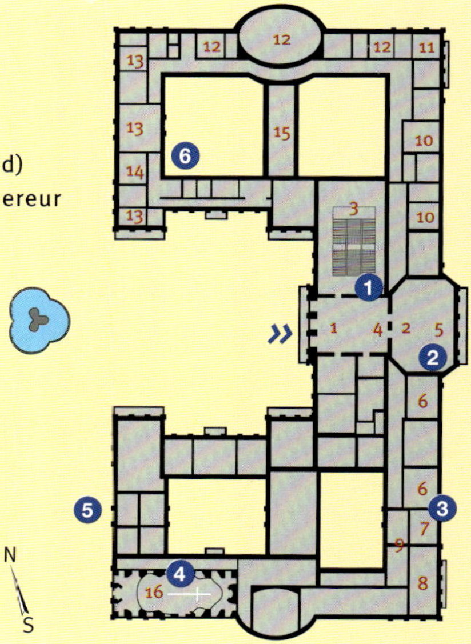

L'église Hofkirche ❹ a son entrée directement sur la place devant la Résidence et la porte de fer forgé tout à côté conduit **aux jardins, Hofgarten** ❼. C'est également dans cette aile sud que se trouve **le musée Martin-von-Wagner** ❺. La fin sera une visite détendue des caves voûtées de la **Hofkeller** ❻ sises sous la Résidence.

Les jardins, Hofgarten ❼

Ouverts chaque jour jusqu'à la tombée de la nuit, entrée libre

Neumann intégra magistralement la Résidence à la ville qui avait grandi dans ses fortifications. L'axe principal du bâtiment mène à la pointe d'un des bastions, ce qui entraîne pour le **jardin situé à l'est** une situation théâtrale. **Johann Prokop Mayer** commença en 1770 son agencement. Une symétrie baroque règle le jardin à l'est qui s'élève alors que le jardin sud est plat. A côté de **l'orangerie** se trouve la reconstruction d'**un jardin de simples** tandis qu'à l'ouest, vers la ville, un petit **parc à l'anglaise** vit le jour au XIXe. Les nombreuses sculptures plus grandes que nature, sont de **Peter Wagner** ou de son atelier. On admire dans le jardin sud l'enlèvement d'Europe et de Proserpine. La magnifique grille de fer fut forgée par **Georg Oegg,** en partie aidé par son fils.

Salles du rez-de-chaussée de la Résidence

Residenzplatz 2, Tel : 0931 / 355170

D'avril à octobre :
tous les jours de 9 à 18 heures
De novembre à mars :
tous les jours de 10 à 16.30 heures
Fermeture des caisses 30 mn avant la fin
Visites guidées continuelles comprises dans le prix
www.residenz-wuerzburg.de

En haut à gauche : les nombreuses statues des jardins de la Résidence sont de Peter Wagner ou de son atelier.
En haut : Balthasar Neumann place exactement la Résidence entre la ville et ses fortifications.

Les somptueuses salles, de la **partie centrale** répondent à une dramaturgie élaborée. L'alternance de salles presque monochromes et d'autres aux vives couleurs augmente l'impression ressentie.

Vestibule

Des atlantes musclés de **Wolfgang van der Auvera** soutiennent le plafond du sombre hall d'entrée. Le thème est repris par les peintures de **Franz Anton Ermeltraut** représentant les travaux d'Hercule. Les décorations en stuc sont de **Lodovico Bossi** pendant que **Peter Wagner** sculpta les marbres. Les grands carrosses officiels pouvaient y entrer et tourner, ainsi les hôtes arrivaient à pied sec.

Cage de l'escalier ①

Selon l'importance des hôtes, le régent descendait plus ou moins l'escalier à leur rencontre. En gravissant majestueusement les marches assez basses, le regard émerveillé du visiteur découvre petit à petit la magnificence de cet espace. Tout d'abord le regard reste à l'intérieur du cadre formé par la balustrade, aux figures allégoriques et vases dus au sculpteur **Peter Wagner.** Puis d'un seul coup l'architecture domine.

La cage de l'escalier est une phénoménale construction de **Balthasar Neumann**. La voûte assez plate

En haut : le célèbre escalier de la Résidence.

mesurant dix-huit mètres sur trente est entièrement auto-portée. Une légende raconte que Neumann fit tirer le canon pendant sa construction pour chasser le doute relatif à sa stabilité. En fait elle résistera même aux bombes de la seconde guerre mondiale.

Personne ne pouvait peindre les cieux nuageux avec autant de légèreté et de mouvement que le Vénitien **Giovanni Battista Tiepolo** qui créa ici cette **fresque** monumentale de près de trois cents mètres carrés de 1752 à 1753. Elle montre les quatre continents : l'Europe, l'Asie, l'Amérique et l'Afrique, personnifiés chacun par une femme majestueuse. L'Australie, qui n'était pas encore considérée comme un continent à l'époque, manque. Les connaissances qu'on avait de ces lointaines contrées s'allient aux riches détails d'un monde imaginé plein d'aventures et de fantaisies qui ne cesse d'étonner celui qui le contemple.

D'abord le regard se porte au nord, où un page offre une tasse de chocolat à **l'Amérique,** un européen tout courbé observe sans être remarqué une scène de cannibalisme. Le commerce joue un rôle important pour la représentation de **l'Afrique,** à l'est, et un singe arrache une plume à une autruche. Plus à droite, dans le coin, la personnification du dieu du Nil est assise et ici aussi le passage de la peinture à la sculpture fascine. Le continent asiatique, en face, est caractérisé par le mont Golgotha et une pyramide égyptienne. Sur une petite plaque de pierre **Tiepolo** a signé de son nom avec la date de 1753. **L'Asie** non plus n'est pas sans reproches, et ses personnages entravés et enchaînés parlent d'emprisonnement et d'esclavage.

Le tout est surmonté par un ciel immense dont la figure la plus importante parmi toutes celles qui le peuplent est Apollon, le dieu de la Lumière et des Arts.

A gauche : le dieu du soleil sur la fresque de la voûte de l'escalier mesurant 30 x 18 m.
En haut : l'Afrique, l'Amérique et l'Asie rendent hommage au prince-évêque.

Après le palier où on se retourne, l'escalier monte vers **l'Europe** présentée comme un refuge des sciences et des arts. Un portrait de **Carl Philippe von Greiffenclau,** qui commanda la fresque, surmonte les artistes et savants ; on y voit aussi **Balthasar Neumann** en uniforme militaire, assis sur un canon. Dans le coin gauche, **Tiepolo** fit son portrait, coiffé du béret basque des artistes à côté de son fils **Giovanni Domenico** en perruque blanche.

Tout en haut : l'Europe comme havre pour les Arts et les Sciences.
En haut : auto-portrait de Tiepolo.
A droite : portrait de Balthasar Neumann portant l'uniforme militaire de Franconie.

Salle blanche

Cette salle se veut pleine de retenue, toute blanche avec un peu de gris pâle et de petites touches d'un

jaune lumineux. Néanmoins elle n'a rien d'effacé : elle vit des stucs en style rocaille **d'Antonio Bossi.** Telles des flammes, ces formes tourmentées s'envolent. Les motifs martiaux au plafond indiquent qu'à l'origine cette salle était celle des gardes.

Salle de l'empereur ❷

La salle de l'empereur au bout de l'enfilade des pièces en est le plus beau fleuron : vingt demi-piliers de stuc marbré de près de neuf mètres de hauteur soutiennent une coupole ovale dominant la façade sur jardins.

Avec trois grandes **fresques au pla-**

Balthasar Neumann

(1687-1753)

Fils d'une famille nombreuse de simples drapiers, il quitta Eger, sa ville natale en Bohème où il avait fait un apprentissage dans une fonderie, pour arriver en 1711 à Würzburg. En 1712, il entra dans l'artillerie de Franconie où l'ingénieur capitaine Andreas Müller reconnu son talent et, en 1719, devenu entre-temps lui-même ingénieur capitaine, il fut chargé des plans et de la surveillance des travaux de ***la Résidence****. En même temps il dessina de nombreux autres bâtiments dont, à Würzburg par exemple,* ***la chapelle des Schönborn****, la* ***tour Maschikuliturm*** *sur la forteresse Marienberg, le* ***magasin sur la place*** *du marché, la maison* ***Marmelsteiner Hof*** *et*

la chapelle ***Käppele*** *; en Basse Franconie, le monastère* ***Oberzell****, le pavillon* ***Gartenpavillon*** *à Randersacker ou les* ***églises de Gaibach*** *et* ***Kitzingen*** *ainsi que celle du* ***château de Werneck****; et aussi la* ***cage de l'escalier du château Brühler Schloss Augustusburg*** *et* ***l'église de pèlerinage de Vierzehnheiligen.***

A Würzburg, Neumann se soucia également d'urbanisme en influençant fortement la ***« baroquisation »*** *de la ville; il est responsable aussi de* ***la première adjonction d'eau.***

Après sa mort en 1753, il fut inhumé dans la Marienkapelle et les habitants furent nombreux à l'accompagner à sa dernière demeure.

fond, Giovanni Battista Tiepolo y accomplit sa seconde œuvre magistrale dans la Résidence : « L'empereur **Barberousse** investissant l'évêque de Würzburg, Herold, du titre de duc de Franconie » fait face au « Mariage de l'Empereur **Frédéric Barberousse** avec **Béatrice de Bourgogne** ». Le choix des motifs n'est pas laissé au hasard : le mariage de l'empereur, dont les premières noces avaient été annulées par l'évêque de Würzburg, symbolise que celui-ci est au service de l'empereur et de l'Empire, de même que l'investiture en 1168 souligne la légitimation du pouvoir des princes-évêques. Le sujet avait une nouvelle actualité au XVIIIe car on discutait dans certains lieux de ces principautés, ressenties comme plus du tout actuelles. **Tiepolo** peignit ici, comme dans la cage de l'escalier, sur commande, mais c'était aussi le meilleur peintre de son époque qu'on avait fait venir de Venise à prix d'or. Il avait ainsi la liberté de transcrire les motifs requis avec son humour et son esprit personnel. Si on observe bien

les fresques on y découvre partout de petites scènes au caractère presque caricatural, comme la mitre mise à l'envers de l'évêque officiant auquel il prêta les traits de **Carl Philippe von Greiffenclau,** son mécène. Le centre du **plafond** est une nouvelle variante du sujet du mariage avec « Le dieu du soleil Apollon conduisant Béatrice de Bourgogne au Genius Imperii ».
Le fils de Tiepolo, Giovanni Domenico, venu avec son frère Lorenzo pour aider leur père, peignit les dessus de portes où sont représentées des scènes tirées de la vie des empereurs de l'antiquité.
Neptune, Junon, Flora et Apollon, dans les niches murales sont des stucs de Antonio Bossi.

Les appartements de l'empereur au sud

La Résidence montre ici toute sa taille puisque, du nord au sud, **les appartements** de l'Empereur, avec la salle impériale au centre, révè-

A gauche : la Salle de l'Empereur, cadre grandiose pour un concert lors de Festival Mozart.
En haut : investiture de l'évêque de Würzburg, peinture de la Salle de l'Empereur.

lent une enfilade de 160 mètres, toutes les portes ouvertes.
Les salles de l'empereur étaient nombreuses dans les résidences au sud de l'Allemagne. Ces pièces particulièrement pompeuses servaient de pièces d'apparat lors d'éventuels passages de l'empereur ou d'autres personnalités de marque. Les appartements de l'empereur dans les deux ailes de la Résidence de Würzburg ont beaucoup plus souffert lors du bombardement que le corps central. L'aménagement intérieur, quasi détruit à jamais, fut remplacé lors de la reconstruction, quand c'était possible, par des objets de la même époque.
Les appartements de l'empereur de l'aile sud datent de 1740 à 1744 alors que **Friedrich Carl von Schönborn** exerçait le pouvoir. Il fit venir des artistes renommés et les lambris en partie encore d'époque avec leurs riches sculptures et dorures donnent une chaleur particulière à l'espace. En passant par **l'antichambre**, une pièce assez simple comme sa fonction le demande, on arrive dans **la salle d'audience** en

style vénitien. Cette pièce conçue à l'origine comme chambre à coucher de l'empereur est ornée de nombreux petits tableaux d'origine.

Le Cabinet des Glaces ❸, dont il ne restait à la fin de la deuxième guerre mondiale qu'un seul fragment, est l'apogée de cette enfilade. Cet unique fragment permit d'entreprendre une recherche de la technique spéciale de la peinture sous verre qui avait servie à la décoration du cabinet des glaces de Würzburg. D'anciennes photos aidèrent aussi et c'est ainsi

qu'entre 1979 et 1987 l'artiste de Würzburg, **Wolfgang Lenz**, réutilisa la vielle technique pour repeindre la pièce qui brille aujourd'hui dans sa gloire d'antan. Quatre petites scènes dues au travail du stucateur **Antonio Bossi** reprennent dans les niches arrondies le thème choisi par Tiepolo dans sa grande fresques de l'escalier : des allégories féminines représentent les quatre continents connus alors.

Les pièces de la galerie sont consacrées au souvenir du grand-duc Ferdinand III de Toscane. Après le rattachement de Würzburg à la Bavière en 1803, un nouveau changement se fit en 1806 quand **Ferdinand III** de Toscane reçut l'ancienne ville des princes-évêques en dédommagement de la Toscane sur laquelle il avait alors régné. Il fit décorer en style empire la salle dite **Toscanazimmer** et l'an-

A gauche : *le scintillant Cabinet des Glaces couronne l'enfilade des appartements de l'Empereur dans l'aile sud.*
En haut : *l'antichambre bleue, Ingelheimzimmer.*

cienne galerie des tableaux qui fut alors divisée en trois pièces.

Cette époque prit fin dès 1814 quand Ferdinand retrouva son trône toscan et Würzburg fut définitivement attribuée au royaume de Bavière.

En passant par les pièces réservées autrefois au personnel, on revient dans le bâtiment central. C'est de ces pièces qu'on chauffait les poêles de faïence dans les salles d'apparat et de discrètes portes cachées permettaient au personnel, qu'on avait appelé, d'entrer.

Les appartements de l'empereur dans l'aile nord

C'est également sous **Friedrich Carl von Schönborn** que commença l'aménagement des appartements de l'empereur dans l'aile nord. Sous le prince-évêque qui lui succéda, **Carl Philippe von Greiffenclau**, les premières quatre pièces furent remaniées de 1749 à 1754 dans un style encore plus pompeux.

La **salle Napoléon** porte ce nom car l'empereur Napoléon y dormit plusieurs fois. Entre 1806 et 1813, il s'arrêta trois fois à Würzburg qui faisait partie, à l'époque toscane, de la Confédération du Rhin alliée de la France d'alors.

Plus on s'avance vers le nord, plus on avance également dans le temps. Dans les trois dernières pièces qui datent d'après 1763, on remarque déjà le passage au style influencé par celui de Louis XVI. **La salle d'angle laquée de vert** est la synthèse entre le rocaille tardif würzbourgeois et l'époque empire. Le parquet avec un effet trompe-l'œil est une récente reconstitution.

Galerie d'Etat

Les pièces situées au nord le long de la rue Rennweg sont la galerie des peintures d'Etat. On y admire des tableaux vénitiens des XVIIe et

En haut : de vastes tapisseries illustrant la vie d'Alexandre le Grand ornent les pièces de gala.

A droite : la pièce laquée de vert.

XVIIIe, ainsi que d'autres œuvres en relation avec cette époque. Les peintures de l'artiste vénitien Tiepolo présentes dans la Résidence sont responsables de ce choix. Le **salon ovale** fait partie de la galerie de peintures, seule son acoustique particulière rappelle sa destination d'origine : une salle d'opéra.

Pièces Ingelheim

Les Ingelheimzimmer doivent leur nom au prince-évêque **Anselm Franz von Ingelheim** qui y habita de 1746 à 1749 mais leur aspect actuel remonte aux années 1770. Elles comptent parmi les plus beaux exemples de la période précédant le classicisme en Allemagne.

Fürstensaal, salle des princes

Cette salle aussi datant de 1772, est un exemple de la période pré-classicisme et les huit grands portraits officiels de princes-évêques, le bâtisseur **Adam Friedrich von Seinsheim**

et sept de ses prédécesseurs, lui donnent son nom. Cette salle servit parfois de salle de concerts, de représentation ou de salle à manger ; c'est ici aussi que la cour se retrouvait pour passer le temps ensemble ou jouer.

Salle des jardins, Gartensaal (Sala Terrena)

Balthasar Neumann inventa quelque chose de tout particulier pour cette salle du rez-de-chaussée : douze colonnes de marbre soutiennent la voûte qui semble être un vaste baldaquin de toile. Les stucs d'un bleu lumineux de **Antonio Bossi** soulignent le caractère léger et plein de charme de cet espace. La peinture du plafond de **Johann Zick**, de 1750, qui représente le « Repas des dieux » et la « Halte de Diane », aux tons sombres et terreux, est un contraste total.

Eglise Hofkirche ❹

Visite d'avril à octobre :
tous les jours de 9 à 18 heures
De novembre à mars :
tous les jours de 10 à 16.30 heures
Fermeture momentanée lors des offices de cette église très recherchée pour les mariages. Entrée gratuite.

L'effet est saisissant : vue de l'extérieur, la façade de la Résidence est totalement régulière, seules quelques marches en rompent la symétrie, mais derrière la façade austère se cache un espace foisonnant, richement décoré, dont la courbure audacieuse des murs fait oublier la base rectangulaire. Trois coupoles ovales couronnent l'intérieur très haut de l'église. Lors de la consécration en 1743, **Balthasar Neumann** montra une fois de plus jusqu'où allait son génie architectural. Il y avait eu, certes, de longs débats quand il avait fallu trouver l'emplacement de l'église dans le concept d'ensemble et décider de son ornementation mais finalement c'est son idée qui l'emporta.

Ce n'est pas seulement à cause de son architecture qu'il faut absolument visiter ce splendide joyau. En effet les meilleurs des artistes de la cour de Würzburg participèrent à

En haut : Balthasar Neumann réussit un étonnant effet d'espace à l'intérieur de la somptueuse église de la Résidence.
A gauche : salle des jardins, Gartensaal, au rez-de-chaussée de la Résidence.

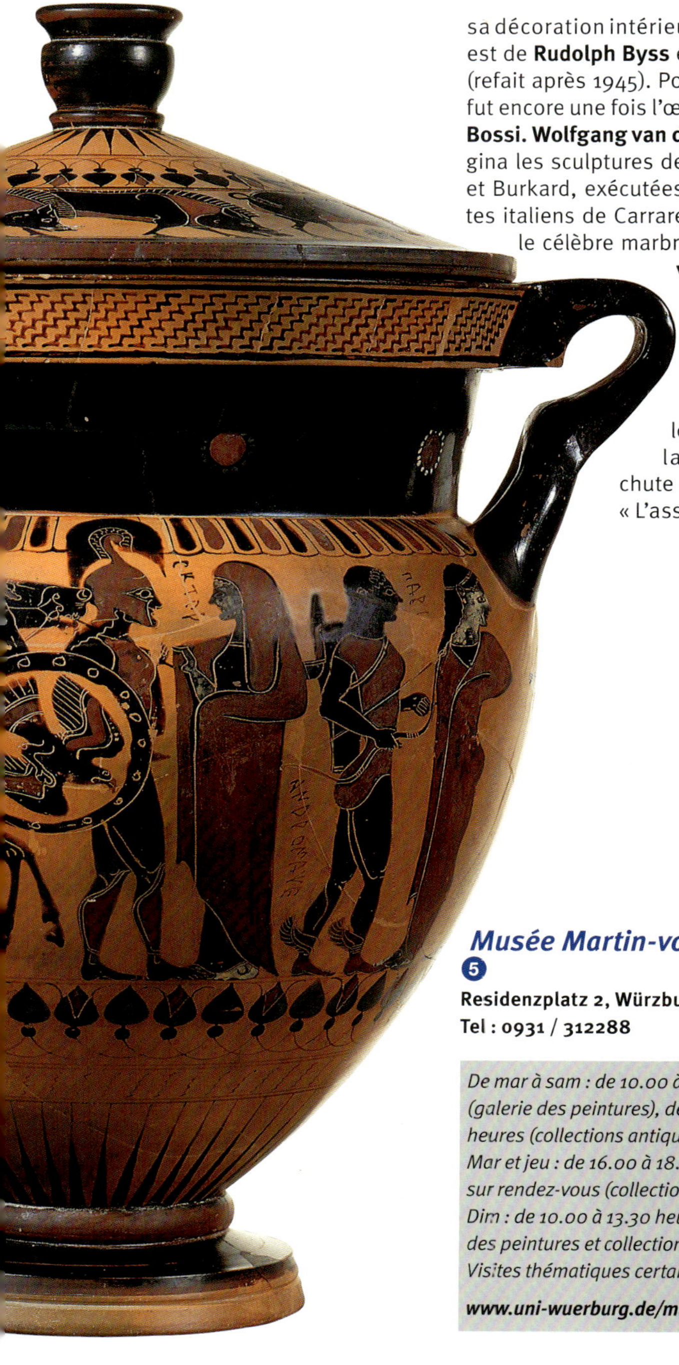

sa décoration intérieure. Le plafond est de **Rudolph Byss** et de son élève (refait après 1945). Pour les stucs ce fut encore une fois l'œuvre **d'Antonio Bossi. Wolfgang van der Auvera** imagina les sculptures des saints Kilian et Burkard, exécutées par des artistes italiens de Carrare d'où provient le célèbre marbre blanc. Et **Giovanni Battista Tiepolo** y contribua aussi avec deux grands tableaux pour les deux autels latéraux : « La chute des anges » et « L'assomption ».

Musée Martin-von-Wagner 5

Residenzplatz 2, Würzburg
Tel : 0931 / 312288

De mar à sam : de 10.00 à 13.30 heures (galerie des peintures), de 13.30 à 17.00 heures (collections antiques)
Mar et jeu : de 16.00 à 18.00 heures et sur rendez-vous (collection des gravures)
Dim : de 10.00 à 13.30 heures (galerie des peintures et collections antiques)
Visites thématiques certains jours

www.uni-wuerburg.de/museum

Martin von Wagner, fils du sculpteur de la cour **Peter Wagner**, était un artiste également chargé par le **roi de Bavière Louis Ier** d'acquérir des œuvres d'art. Il légua à l'université de Würzburg son importante collection. Le musée sis dans l'aile sud comporte trois sections :

La vaste collection de céramiques grecques est au centre du département des **antiquités**, mais les quelques trois cents objets égyptiens exposés méritent une visite ; d'autres salles montrent des objets venant du Proche Orient, de Chypre et d'Italie.

La galerie des peintures vaut également la peine d'être vue. Elle comprend des tableaux allemands, hollandais et italiens et des œuvres d'art allant du XIVe au XXe, parfois rares. Martin von Wagner dont la collection personnelle représente une grande partie du musée y voit aussi ses œuvres représentées.

La collection graphique est composée de dizaines de milliers de dessins et gravures. A côté de trois mille œuvres de la renaissance italienne et de peintres baroques, on compte cent vingt esquisses de **Giovanni Battista Tiepolo** et ses fils, des dessins de peintres de la cour würzbourgeoise comme **Peter Wagner.** Les gravures sont, entre autres, de **Altdorfer, Dürer, Cranach** et **Bruegel**.

A gauche : *les représentations sur les céramiques grecques ressuscitent le monde antique.*

En haut : *portrait de femme antique au musée Martin-von-Wagner.*

A droite : *fragment ancien.*

Caves de la Staatlicher Hofkeller 6

Residenzplatz 3, Würzburg
Tel : 0931 / 3 05 09 23

Les caves ne sont accessibles que lors de visites guidées ou festivités
Visites : pendant la saison, sam, dim et jours fériés 10, 11, 12, 14, 15 et 16 heures
Le samedi 17 heures aussi
Rendez-vous : sur la place de la Résidence, au pied de la fontaine Franconia-Brunnen
www.hofkeller.de

En demandant à **Balthasar Neumann** de construire la Résidence, le prince-évêque **Philippe Franz von Schönborn** avait demandé qu'une « excellente cave à vin » y soit comprise. Cette cave à vin, directement sous la Résidence, le fut tellement que de nos jours encore elle est utilisée pour la vinification et le stockage des vins.
La descente nous mène dans l'atmosphère toute particulière de l'immense cave voûtée. Derrière des murs qui peuvent avoir jusqu'à six mètres d'épaisseur, reposent quelques six cent mille litres de vin seulement en **barriques**.

Mais c'est loin d'être tout, les couloirs longs de presque neuf cents mètres relient les grandes et petites caves et on peut voir les « tonneaux des fonctionnaires » dans lesquels autrefois on gardait la partie liquide du traitement des fonctionnaires de la cour.

Outre des visites guidées régulières, on organise ici des **dégustations de vin**, parfois combinées avec un thème culinaire particulier. De temps à autres des concerts y sont donnés ou même des projections de films.

La Hofkeller, propriété de l'Etat, après avoir été celle des princes-évêques, a une histoire qui remonte à plus de 875 ans. Elle fait partie des trois grands domaines de vignobles traditionnels de Franconie et possède plus de cent vingt hectares de vignes dont bien évidemment quelques uns aussi renommés que les crus « Innere Leiste ».

Chaque année la fête du vin dans les jardins de la Résidence **(Hofgartenweinfest)**, qui a lieu fin juin – début juillet, est une extraordinaire possibilité de déguster ces vins.

Vente des vins
dans le palais Rosenbachpalais
Residenzplatz 3, Würzburg
(au nord de la place)
Tel : 09 31 / 3 05 09 23
De lun à ven : de 9.00 à 18.00 heures,
le samedi de 9.00 à 14.00 heures

A gauche et en haut : ici on conserve le vin depuis des siècles. Fûts de bois illuminés dans les vastes caves voûtées sous la Résidence.

JOANNES PHILIPPUS EPISCOPUS

Les deux grands : cathédrale St.Kilian et église Neumünster

Centre religieux de la région – trésors de toutes les époques – les plus belles pierres tombales de Riemenschneider – jardinet Lusam-gärtlein et Walther von der Vogelweide

A gauche : La riche façade de l'église Neumünster et l'entrée de la crypte de Saint Kilian sous l'escalier.
En haut : Statues des saints missionnaires Kilian, Kolonat et Totnan.

Quartier de la cathédrale

Les historiens n'ont pas réussi à se mettre d'accord sur l'emplacement de la première église épiscopale, les uns penchent pour la cathédrale actuelle, les autres pour l'église Neumünster. Quoi qu'il en soit ce quartier, centre de la ville d'autrefois sur la rive droite, n'était pas inondable, lui. La tradition veut que l'évêque Burkard bâtit dès 755 une cathédrale en bois où furent transportées les reliques des missionnaires, patrons de la Franconie. Charlemagne en personne assista en 788 à la consécration de la première cathédrale de pierre.

Eglise Neumünster

Kürschnerhof 2½, Würzburg

La basilique fut commencée au XIe comme en témoignent les parties romanes de la nef centrale. La tour nord date du XVIe et en 1614 la mise au goût du jour baroque débuta, elle atteint son apogée dans la grandiose coupole octogonale et la **façade ouest** ❷ toute en courbes, œuvre de **Josef Greising**, qui s'est peut-être inspiré d'une esquisse de **Johann Dientzenhofer**. Les statues sont de **Jacob van der Auvera** avec, au centre, le Christ Sauveur, entouré de saints : Burkard, Kilian et ses compagnons.

A voir absolument

1. *Pierre tombale pour Rudolf von Scherenberg, cathédrale*
2. *Façade ouest de l'église Neumünster*
3. *Jardinet Lusamgärtlein, Neumünster*
4. *Tombeau de Saint Kilian, Neumünster*
5. *Cloître de la cathédrale*
6. *Trésor de la cathédrale, Marmelsteiner Kabinett*
7. *Musée Museum am Dom*
8. *Crucifix avec Jésus barbu, crypte de la cathédrale*
9. *Chapelle des Schönborn, cathédrale*

A l'intérieur, derrière l'autel, se trouve une autre représentation des trois saints missionnaires de la Franconie. La copie du buste de **Tilman Riemenschneider** date de 1910 et fut faite par l'artiste **Heinz Schiestl,** d'après l'original qui brûla en 1945. La **grande vierge en pierre** et la statue pour **le tombeau de Johannes Trithemius** dans le hall d'entrée au sud seraient aussi de Riemenschneider.

Il faut citer encore le **crucifix** suspendu du XIVe dont les bras ont un geste enveloppant.

Pendant des siècles la **sépulture de Kilian** ❹ joua un rôle important dans

A gauche : le stuc clair fait ressortir les couleurs des fresques au plafond de l'église Neumünster.

En haut : le jardinet Lusamgärtlein, une oasis de silence au cœur de la ville.

la vie religieuse. **L'autel de Kilian,** datant des débuts du gothique, avec la châsse de bronze moderne contient les ossements des martyrs dont les reliques (crânes) reposent dans l'autel principal de la cathédrale.

Jardinet Lusamgärtlein ❸

Entrée par la sortie latérale à gauche de l'église Neumünster ou par la rue Martinsstraße

Ouvert dans la journée

Charmante oasis à l'ombre de l'imposante église Neumünster : les restes d'un **cloître roman** dont les arcs reposent sur des colonnes finement décorées, datant de 1180, sont un des meilleurs témoignages de l'époque des Saliens à Würzburg. C'est dans cette ancienne cour que le troubadour **Walther von der Vogelweide** aurait trouvé son dernier repos, l'empereur **Frédéric II** lui ayant assuré une fin de vie sans problèmes en le faisant bénéficier d'une place

pour ses vieux jours, vraisemblablement dans l'hospice de Neumünster. Une pierre fut érigée en 1930 à la mémoire du poète mort vers 1230 à Würzburg ; il est connu tant pour ses vers mordants que pour ses poèmes d'amour.

SUGGESTION : *« Walther von der Vogelweide ante portas » :* *Récitations et chants, costumes et instruments historiques*
Tel : 0 93 67 / 98 86 80

D'avril à octobre : premier et troisième samedi du mois à 16.00 heures

Cathédrale St. Kilian

Domstr. 42, Würzburg
Tel : 0931 / 3 21 18 30 (Dompfarramt)

Heures d'ouverture : lun à sam de 10 à 17 heures, dim et fêtes de 13 à 18 heures
Visites guidées : dim et fêtes 12.30 heures
Du lundi de Pâques à la Toussaint : également de lun à sam à 12.20 heures (avant, à 12.05 heures, méditation et orgues)
www.dom-wuerzburg.de

Histoire de la construction

La cathédrale dédiée à St. Kilian, missionnaire de la Franconie, n'est pas la première en date. Un incendie détruisit en 855 le bâtiment qui se trouvait soit ici soit à l'emplacement de l'église Neumünster, de même que la nouvelle construction ordonnée par l'évêque **Arno** brûla en 918. La reconstruction dura jusqu'en 940 et finalement l'évêque **Bruno** posa en 1040 la première pierre de la cathédrale actuelle, consacrée en 1188. Ce vaste bâtiment servit aus-

A gauche : *différents styles à l'intérieur de la cathédrale Kiliansdom.*
En haut : *la croix mystérieuse du Christ barbu dans la crypte de la cathédrale.*

si à l'époque des Saliens de lieu de rencontre pour les réunions de la Diète de l'Empire.

Au début du XVIIe on ajouta des voûtes et en 1699 le remaniement baroque débuta. Jusqu'en 1705, **Pietro Magno** de Milan décorera tout l'intérieur de magnifiques stucs (on peut en partie encore avoir une idée de cette décoration dans le transept). Le 16 mars 1945 la cathédrale fut, elle aussi, fortement endommagée et la **reconstruction** se fit d'après une conception qui n'alla pas sans vives controverses. On ne refit pas tout simplement ce qui avait été détruit, tout au contraire on plaça les élément sauvés et provenant d'époques différentes dans un nouveau concept où ils s'intégrèrent à des œuvres modernes contemporaines. La façade retrouva un aspect simple de style roman. Un mur cacha les restes d'une rosace néoromane, une petite balustrade et une horloge et ce n'est que tout récemment que ces éléments furent redécouverts et remis en valeur.

Nef centrale

Après le porche, il faut passer une **grille de fer forgé** qui autrefois séparait le chœur de la nef centrale. Un grand **chandelier moderne à sept branches, de tradition juive**, rappelle symboliquement l'Ancien Testament.

L'église épiscopale du diocèse de Würzburg fut dotée d'un riche ensemble intérieur ; tout à droite, l'entrée de la chapelle avec les fonds baptismaux est flanquée de deux piliers noueux datant du XIIIe provenant du narthex de la cathédrale de 1644. Le **baptistère** de bronze, fondu par **Meister Eckard** de Worms en 1279 est d'une pièce, huit reliefs montrent des motifs de l'Histoire Sainte.

Près des piliers de la nef, au nord, se trouvent un remarquable groupe

A gauche : Tilmann Riemenschneider créa l'impressionnant portrait du vieillard Rudolf von Scherenberg, évêque de Würzburg.
En bas : fonds baptismaux aux reliefs datant du XIIIe.

des **rois mages** avec une **Vierge** datant du XIIIe et plus loin, vers l'autel, une **chaire** richement ornée en forme de calice, œuvre de **Michael Kern en 1609.**

L'ensemble des **pierres tombales des princes-évêques** sur la gauche de la nef centrale commence avec la plus ancienne, commémorant **Gottfried von Spitzberg**, mort en croisade à Antioche en 1190. Un artiste inconnu du XIVe réalisa un chef d'œuvre gothique avec le monument pour **Otto von Wolfskeel**. Les pierres sculptées par **Tilman Riemenschneider** pour **Rudolf von Scherenberg** 1 et son successeur **Lorenz von Bibra** sont fort célèbres. Scherenberg, nommé évêque à soixante-cinq ans environ, mena son diocèse d'une main ferme et efficace jusqu'à sa mort en 1495, et Riemenschneider réussit un émouvant portrait de ce vieillard actif. Le changement de style nettement visible est fort intéressant : tandis que les travaux plus anciens appartiennent encore au gothique, Riemenschneider s'inspire déjà des formes Renaissance pour l'œuvre plus récente consacrée à Lorenz von Bibra.

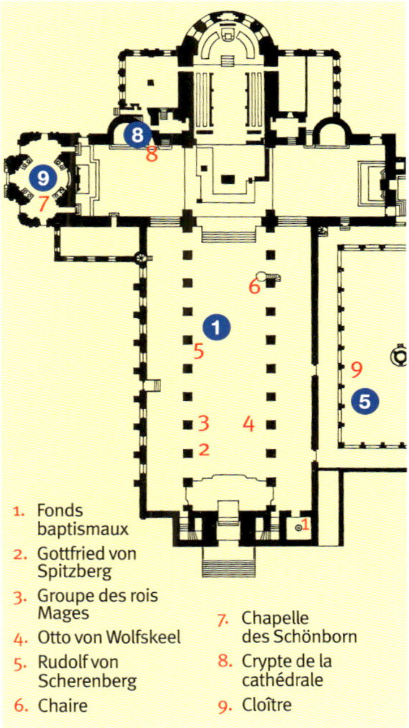

La chapelle des Schönborn ❾

La chapelle des Schönborn, en grande partie due à **Balthasar Neumann**, ne fut terminée qu'en 1736. Sa position à l'extrémité nord du transept, bien visible de la Résidence ainsi que les nombreux ornements rappelant la mort montrent qu'elle était conçue comme la chapelle mortuaire des Schönborn. On ne peut y pénétrer que lors de visites guidées mais on y jette un coup d'œil à travers les portes de fer forgé dues à **Johannes Georg Oegg.**

La crypte

Entre la chapelle des Schönborn et le chœur se situe l'entrée de la crypte romane où gît l'évêque **Bruno**, fondateur de la cathédrale. En 1749 **Balthasar Neumann** lui donna des voûtes plus basses afin de pouvoir baisser le niveau du chœur placé au-dessus. Des fragments de **pein-**

En haut : pierres tombales dans le cloître de la cathédrale.
A droite : vue du cloître sur les tours orientales de la cathédrale.

tures murales, datant vraisemblablement du XIIe, représentant le Christ auréolé méritent d'être vues. La **croix avec le Christ barbu** ❽, toute simple mais impressionnante, est bien plus ancienne, sans doute du haut Moyen Age.

SUGGESTION : *tous les jours à 17.00 heures, des membres du groupe Besucherforum se tiennent à votre disposition avec une table d'infos sur la cathédrale.*

Cloître ❾

Le cloître de la fin du gothique où sont enterrés des membres du chapitre, des vicaires mais aussi de nobles personnes profanes, comme on peut le constater grâce aux nombreuses pierres tombales, a son entrée à droite dans la nef.

Trésor de la cathédrale ❻

Plattnerstr., Würzburg
Tel : 09 31 / 38 66-56 00

Fermé le lundi, sinon de 14.00 à 17.00 heures, jours fériés également

www.museen.bistum-wuerzburg.de/domschatz

L'exposition se trouve dans le **Marmelsteiner Hof,** un bâtiment profane de **Balthasar Neumann**, sis à quelques pas au sud de la cathédrale. Le trésor est composé d'un grand

nombre de textiles religieux et de travaux d'orfèvrerie provenant d'un millénaire. Quelque cent trente objets sont exposés dans une atmosphère cléricale au son des orgues de la cathédrale voisine et éclairés avec goût.

Museum am Dom 7

Kiliansplatz, Würzburg
Tel : 09 31 / 3 86 65-6 00

Fermé le lundi, sinon de 10 à 18 heures, les jours fériés également (du 1er novembre au 31 mars fermeture à 17.00 heures)
www.museum-am-dom.de

Entre l'église Neumünster et la cathédrale (la place s'appelle Kiliansplatz) se trouve depuis 2003 un musée assez extraordinaire : les œu-

vres d'art datées du XIe à nos jours n'y sont pas exposées chronologiquement ou selon les styles. Bien au contraire ce sont les thèmes théologiques qui les regroupent : pour chaque thème, des œuvres d'époques totalement différentes se font face, ce qui entraîne des confrontations passionnantes. On y trouve des travaux **d'artistes médiévaux** inconnus,

mais aussi de **Tilman Riemenschneider** ou **Peter Wagner**, tout comme des tableaux, des céramiques et des sculptures **d'Otto Dix, Pablo Picasso, Joseph Beuys, Albrecht Dürer** ou **Käthe Kollwitz**. Des expositions temporaires s'ajoutent à l'ensemble.

Hof Conti

Kardinal-Döpfner-Platz 4

Entre la cathédrale et la Résidence, dans ce **quartier ecclésiastique** caractérisé autrefois par les logis des chanoines et les **palais des nobles**, se trouvait aussi la Cour Conti. Ce bâtiment Renaissance avec des angles richement ornés est aujourd'hui le **palais où réside l'évêque.**

A gauche : la chapelle mortuaire des évêques de la famille Schönborn, ornée de têtes de mort.
En haut : bel encorbellement de la maison Hof Conti.

Au cœur de la ville

Vieux pont sur le Main et mitre – un fier Hôtel de Ville – marché au pied de la Marienkapelle – style rocaille foisonnant de la Maison au Faucon – là où se réunissaient les rebelles lors de la Guerre des Paysans – le vin se boit pour les bonnes œuvres : les hospices

A gauche : vue sur la rue de la cathédrale prise du Vieux Pont.
En haut : statues baroques des saints le long du Vieux Pont sur le Main.

Là où bat le pouls de la ville et de ses habitants

Dans le centre historique on a l'embarras du choix : de nombreux magasins invitent à flâner ou à faire des emplettes. Mais il y a aussi bien des choses à voir, sans compter les cafés ou les salons de thé, les restaurants, bars à vins ou tavernes où le temps passe si agréablement. Partout on peut s'asseoir dehors et regarder les passants dans la zone piétonne.

Propositions pour la visite

On commence par le **Vieux Pont sur le Main** ❶, puis la **fontaine Vierröhren** ❼ et **l'Hôtel de Ville** ❹ voisins. Sur la place du marché proche, on trouve **la Marienkapelle** ❸ et **la Maison au Faucon** ❷ pratiquement attenante à la chapelle. Partant de la place du marché, on emprunte la ruelle Gressengasse où on ne manquera pas **le Stachel** ❾. La Marktgasse indique aussi la direction du Main au bord duquel on

En haut : vue du vieux pont après l'Hôtel de Ville à la cathédrale.

A voir absolument dans la Vieille Ville

❶ *Le Vieux Pont sur le Main*
❷ *La Maison au Faucon*
❸ *La Marienkapelle*
❹ *L'Hôtel de Ville*
❺ *Le Juliusspital*
❻ *L'église Stift Haug*
❼ *La fontaine Vierröhrenbrunnen*
❽ *La Vieille Grue Alter Kranen*
❾ *Le restaurant Stachel*

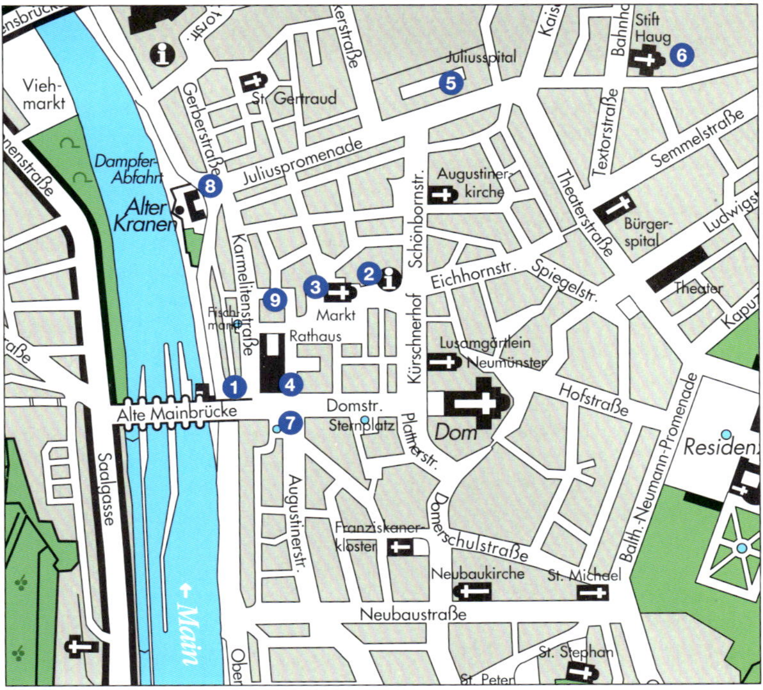
Vieh-
markt
St. Gertraud
Gerberstraße
Juliusspital
Stift
Haug
Textorstraße
Semmelstraße
Dampfer-
Abfahrt
Alter
Kranen
Juliuspromenade
Augustiner-
kirche
Theaterstraße
Bürger-
spital
Karmelitenstraße
Schönbornstr.
Eichhornstr.
Spiegelstr.
Theater
Markt
Rathaus
Lusamgärtlein
Neumünster
Kürschnerhof
Alte Mainbrücke
Domstr.
Sternplatz
Dom
Hofstraße
Balth.-Neumann-Promenade
Saalgasse
Augustinerstr.
Plattnerstr.
Franziskaner-
kloster
Domerschulstraße
Neubaukirche
St. Michael
Main
Neubaustraße
St. Stephan
St. Peter
1
2
3
4
5
6
7
8
9

trouve sans mal **La Vieille Grue** 8. De là, la **Juliuspromenade** conduit au Juliusspital 5 puis plus loin jusqu'à l'église **Stift Haug** 6. Cette visite étant relativement longue, on peut la raccourcir nettement en renonçant à voir Alten Kranen 8 ou Stift Haug 6.

SUGGESTION : *Les visites guidées, également en français, qui partent de la Maison au Faucon (voir page 126) sont une excellente possibilité de faire un tour de la Vieille Ville en apprenant des tas de choses.*

De la ville bourgeoise à la City

Les deux majestueuses églises, **la cathédrale** et **Neumünster,** documentent de façon impressionnante le rôle important joué par le clergé catholique dans l'histoire de Würzburg. Elles marquent en même temps la frontière entre la ville spirituelle et la ville laïque, frontière toujours reconnaissable. L'axe central qui conduit au Main avec ses magasins, ses artisans et maisons d'habitation était à l'origine **la rue de la cathédrale** où se trouvaient échoppes et marché. Ce dernier fut transposé au XVe à l'emplacement actuel de la **place du marché**, après une histoire peu reluisante. A la fin du XIXe on traça un nouvel axe nord-sud pour relier la nouvelle gare à la cathédrale et la **zone piétonne** actuelle suit encore en gros le tracé de ces anciennes structures.

Le Vieux Pont sur le Main ❶

Même si on ne dispose que de peu de temps, et surtout dans ce cas-là d'ailleurs, on ne devrait pas renoncer à voir ce pont et ses douze saints baroques. Un magnifique panorama s'ouvre sur le fleuve, les toitures de la **vieille ville** avec les nombreux clochers, le **célèbre vignoble « Am Stein »** au nord, la **forteresse Marienberg** surmontant le **vieux quartier du Main** et, au sud, la chapelle **Käppele.**

Déjà en 1133 un premier pont de pierre remplaça le passage guéable d'antan. Les inondations (le fleuve charriant de la glace) et en dernier les troupes allemandes se retirant à la fin de la Seconde Guerre mondiale, l'endommagèrent tant qu'au cours de son histoire il dut être maintes fois reconstruit, parfois en partie seulement.

Au Moyen Age, le pont avait deux portails d'entrée assurant sa sécurité et supportait même des constructions, dont une petite chapelle. C'est au XVIIIe qu'il acquit son charme tout particulier grâce aux **statues baroques** pleines de mouvements. Les **statues du sud** sont toutes étroitement liées à la ville : la Vierge, seule représentation féminine, est ici la patronne de la Franconie, les saints Kilian, Kolonat et Totnan ayant christianisé la région l'entourent, puis Burkard, premier évêque de Würzburg et Bruno qui fit construire la cathédrale. D'autres saints mais

En haut : à gauche de la forteresse Marienberg, la Käppele brille dans le soleil sur le mont Nikolausberg.

A droite : le premier évêque de Würzburg, Burkard, une des statues sur le Vieux Pont.

aussi des personnages historiques montent la garde du **côté nord.**

SUGGESTION : *A l'entrée du pont dans le restaurant Alte Mainmühle, on peut prendre un copieux en-cas ou manger de façon plus délicate tout en admirant des balcons la vue imprenable sur la forteresse (Alte Mainmühle, Mainkai 1, Würzburg, Tel: 09 31 / 16 777).*
Par beau temps, une autre excellente vue s'offre de la terrasse (buvette) située sur le toit du magasin Wöhrl en face.

En haut : Hôtel de Ville, fontaine Vierröhren avec la statue de Franconia.
A droite, en haut : derrière l'Hôtel de Ville, dans la rue des Carmélites, l'imposant bâtiment Rückermainhof.
A droite : la salle de Wenceslas, Wenzelsaal, dans l'Hôtel de Ville date du début du XIIe.

Hôtel de Ville ④

Beim Grafeneckart 1, Würzburg

Visites guidées : de mai à octobre
le samedi à 11.00 heures
Tel : 09 31 / 37 26 09, Entrée libre,
rendez-vous dans la cour de l'Hôtel de Ville, en face de la fontaine Vierröhren

Le **Grafeneckart** est la partie la plus ancienne de l'ensemble des bâtiments et de plus la seule construction laïque romane qui existe encore. Cette tour habitable ainsi que les étages du bas de la construction annexe furent construits comme siège du burgrave et évêque **Eckart** vers 1200 et la salle **Wenceslas** (Wenzelsaal) qui s'y trouve n'est guère plus jeune. Le Conseil de la ville acquit le bâtiment en 1316, possédant ainsi dans la rue centrale un Hôtel de Ville dont la tour fut rehaussée, telle qu'on la voit de nos jours, au XVe et on y ajouta la première **horloge publique**. **L'arbre vert** peint sur la façade symbolise le droit de rendre justice, les jurés se réunissant sous un arbre à cet emplacement. De nouveaux ajouts et agrandissements suivirent. Pendant les siècles de conflits avec les seigneurs épiscopaux, les habitants montrèrent à maintes reprises qu'ils tenaient à leur indépendance politique également au moyen de cet Hôtel de Ville. En 1659-1660 le **bâtiment rouge**, encore de style Renaissance fut érigé à gauche. Finalement au XIXe on agrandit cet Hôtel de Ville vers le nord avec **l'ancien couvent des carmélites déchaussées.**

SUGGESTION : *Au rez-de-chaussée du Grafeneckart une pièce ouverte chaque jour commémore le 16 mars 1945 et un modèle de la ville donne une idée impressionnante de l'ampleur des destructions.*

La fontaine Vierröhren 7

Lucas van der Auvera et **Peter Wagner** réalisèrent en 1766 la gracieuse fontaine baroque ornée de quatre allégories des **vertus cardinales** : l'intel-

ligence, la justice, la bravoure et la tempérance. Tout en haut de l'obélisque, **Franconia** personnifiant la Franconie. Depuis 1733 la fontaine était raccordée au réseau **d'approvisionnement en eau de Neumann** et apportait de l'eau fraîche venue de l'autre côté des enceintes de la ville.

Cette place fut toujours un lieu de rencontre privilégié, la coutume voulait que dans la nuit du Mardi Gras on y lave sa bourse vide pour assurer ainsi qu'elle se remplisse vite de nouveau.

SUGGESTION : *C'est de cette fontaine que le veilleur de nuit commence sa visite de la Vieille Ville agrémentée de maintes anecdotes (voir page 126).*

A mi-chemin, la rue de la cathédrale s'élargit et forme une place, **la Sternplatz**, ornée en son centre d'une fontaine moderne pleine de fantaisie. De là on arrive dans la petite rue **Franziskanergasse** où deux Wurzbourgeois de renom ont vécu : au n° 1 **Tilman Riemenschneider** (les restes historiques des murs de sa maison et de son atelier sont encore bien visibles dans l'immeuble moderne) et, au n° 2, plus tard, **Balthasar Neumann**. Après guerre on réinstalla le **balcon de Neumann**, une petite terrasse au dessus des toits, d'où il pouvait surveiller les progrès du chantier, c'est du moins ce que raconte la tradition.

Place du marché

La place du marché, **Marktplatz**, située au nord de la cathédrale est ornée au centre par un **obélisque** de 1805 dû à **Andreas Gärtner** et quatre allégories représentent les quatre saisons.

Au sud de la place du marché, la maison n° 14/16 est la reconstruction de la **maison d'habitation et de commerce** de **Balthasar Neumann.** Cette maison, accolée à nulle autre, devait voir le début d'un embellissement de la place. En outre son plan est absolument fonctionnel : autour d'une cour intérieure, sept magasins sont groupés avec leurs caves et entrepôts respectifs, au dessus, sur deux étages, les propriétaires des boutiques avaient leurs appartements.

Sur la maison voisine, au n° 12, une plaque rappelle que la célèbre femme sculpteur **Emy Roeder** y naquit (voir musée Kulturspeicher).

Marienkapelle ③

Marienplatz 2, Würzburg

La chapelle de la Vierge, Marienkapelle, en gothique flamboyant, at-

En haut : Adam et Eve de Riemenschneider sur le portail sud de la Marienkapelle.

A droite : la tour de la Marienkapelle est couronnée d'une représentation de la Vierge.

La chapelle de la Vierge Marienkapelle

tire tous les regards sur la place du marché. A la fin du Moyen Age se trouvait à cet endroit le **quartier juif** incendié lors d'un pogrome en 1349 tandis que ses habitants furent assassinés. Plus tard le marché s'y installa et sur l'emplacement de la **synagogue**, on érigea une chapelle de bois dédiée à la Vierge ; en 1377, l'évêque **Gerhard von Schwarzburg** posa la première pierre d'une nouvelle construction « en dur ». La construction de la nef centrale au milieu du XVe se fit sous la régie des habitants, pour qui la chapelle devint de plus en plus l'expression de leur fière démarcation vis-à-vis de la puissance des princes-évêques. Ceci se remarque dans la riche ornementation, la **façade extérieu-**

En haut : intérieur tout en hauteur de la chapelle gothique, Marienkapelle.
A droite : allées et venues devant la Maison au Faucon dont la façade jaune et blanche de style rocaille est celle d'une ancienne auberge.

re avec les travaux de **Tilman Riemenschneider**, le Christ, Jean Baptiste et les apôtres, placées en haut sur les contreforts, alors que le **portail sud** est entouré du couple célèbre, **Adam et Eve,** sculpté en 1493. Le conseil municipal fut si satisfait qu'il fit parvenir à Riemenschneider une somme supplémentaire. Les statues originales se trouvent pour la plupart au musée Mainfränkisches Museum de la forteresse. Le tympan du **portail nord** montre une représentation peu ordinaire de **l'Annonciation**, où on voit l'Enfant Jésus qui glisse sur une sorte de cordon directement dans l'oreille de la Vierge Marie.

A l'intérieur, une plaque située sur un des piliers de la nef rappelle que l'architecte **Balthasar Neumann** est enterré dans la chapelle. Parmi les nombreuses pierres tombales, citons celle du chevalier **Konrad von Schaumberg**, placée sur le mur ouest (**Tilman Riemenschneider** la termina en 1502), sans oublier la **Madone en argent** de l'orfèvre d'Augsbourg **Johannes Kilian**, faite quatre-vingts ans plus tard.

Les petites **échoppes** blotties contre les murs extérieurs ne sont nullement une innovation récente pour faire des affaires coûte que coûte, le bail des premières remonte à 1437.

Falkenhaus ❷

Marktplatz 9, Würzburg

La Maison au Faucon, sur le haut de la place du marché, était à l'origine une auberge. En 1751, la veuve de l'aubergiste **Meißner** passa commande de la joyeuse façade de style rocaille à des stucateurs de Haute Bavière qui effectuaient un tour de la région et c'est ainsi que, pour aller avec le nom de la maison, le faucon se percha sur le toit. C'était certainement une excellente publicité mais surtout cela permit des économies

d'impôts car, selon un décret qui remontait à **Balthasar Neumann,** on accordait une réduction fiscale aux façades particulièrement belles.
Aujourd'hui le bâtiment reconstruit abrite **l'office du tourisme** avec un guichet où on peut retirer des billets ainsi qu'un **bureau spécial** pendant le **festival Mozart** et sa préparation (voir page 124).

SUGGESTION: *La bibliothèque municipale, également hébergée dans la Maison au Faucon, reçoit régulièrement des prix ; un grand nombre de journaux et périodiques peuvent être consultés dans le café de lecture et dans le café au-dessus, pour une somme modique, on peut surfer sur Internet sans aucun problème.*

Les maisons Gressenhof

A l'ouest de **la place du marché** le bâtiment d'angle blanc orné de rouge avec encorbellement et volutes sur le pignon date de 1590. Sa reconstruction actuelle sert à la banque Castell Bank. Quelques pas nous mènent derrière dans la **ruelle Gressengasse** où on trouve **le Stachel** ⑨.
Derrière le double portail, dont

l'origine remonte au XIIe, se niche une jolie cour intérieure entourée de balustrades, pleine d'un charme italien. Elle date du XVIIe et les habitants de la ville y auraient rencontré **Florian Geyer,** le chef des rebelles, pour conspirer contre l'évêque. C'est sans doute de cette époque que vient le nom de la taverne qui évoque le **fléau d'armes** aux piquants (Stachel).

SUGGESTION : *La cour intérieure du Stachel est un havre idyllique au centre de la ville. Restaurant et taverne « Zum Stachel », Gressengasse 1, Würzburg, Tel : 0931/52 770. Fermé le dimanche.*

De la Marktgasse attenante on arrive dans la Karmelitenstraße où on trouve, au n° 20, la façade richement et pompeusement ornée du **Rückermainhof.** C'est Joseph Greising qui dessina ce bâtiment au début du XVIIIe pour les **chevaliers de St. Burkard.**

Sur la petite place de l'autre côté de la rue, et donc encore un peu plus près du Main, se tenait le **marché aux poissons**. Ces poissons venant du Main furent longtemps un aliment important pour la population. Dans le plus vieux guide de Würzburg, l'auteur, **Carl Gottfried Scharold,** fait en 1805 une liste de presque deux douzaines de poissons et crustacés qu'on pouvait y pêcher alors. La **jolie fontaine au pêcheur** du XVIIIe rappelle l'ancienne agitation de ce marché.

Jeunes et moins jeunes se retrou-

En haut : citadins et paysans auraient comploté au Stachel.
A gauche : des balustrades ornent la romantique cour intérieure du Stachel.

vent au soleil ou les soirs où il fait bon flâner dehors, pour se reposer, voir qui passe et se faire voir aussi... et celui qui tient à ne pas s'éloigner trop d'un endroit gastronomique, le trouvera dans le **Biergarten,** ce jardin ombragé par de grands arbres où on sert de la bière, près de la Vieille Grue, sur les restes des fortifications.

Vieille Grue, Alter Kranen 8

Kranenkai 1, Würzburg

Franz Ignaz Neumann, fils de **Balthasar Neumann**, construisit en 1773 ce monument technique visible de loin. La grue servait à charger et décharger en même temps les bateaux et fonctionnait selon les lois de l'ère préindustrielle : deux hommes avançaient à l'intérieur d'une roue en bois et mettaient ainsi la mécanique en marche.

La Vieille Grue est intégrée au système des anciennes **fortifications baroques** et protégeait la ville du côté fluvial. C'est ici que se terminait au Moyen Age la plus ancienne enceinte de la ville, la Juliuspromenade en suit aujourd'hui le cours.

En haut : la Vieille Grue est érigée sur un bastion baroque mais des bateaux mouches ont remplacé les péniches d'antan.
A droite : roue de bois à l'intérieur de la Vieille Grue.

Bateaux mouches

Kranenkai, Würzburg

La « flotte blanche » part en bas de la Vieille Grue pour aller à **Veitshöchheim**. Les billets s'achètent directement au kiosque d'embarquement (voir page 126).

Juliusspital 5

Juliuspromenade 19, Würzburg
Tel : 0931 / 3 931406

Visites en saison touristique:
vendredi 17.00 heures (une heure environ), samedi 17.00 heures (environ une heure et demie, avec trois dégustations de vin incluses). Rendez-vous chaque fois devant la fontaine à l'intérieur du parc.

www.juliusspital.de

Un relief en grès, au-dessus du **portail donnant sur la Juliuspromenade**, montre de façon détaillée la pose de la première pierre par le **prince-évêque Julius Echter** en 1576. L'hospice pour « les pauvres, ceux qui ne peuvent plus travailler et les indigents mais aussi les vieux, les malades, les faibles

et ceux qui n'ont plus où aller », fut construit aux abords de la ville d'alors. Pour gagner de la place pour ce vaste ensemble Echter fit raser **l'ancien cimetière juif**. Après un incendie en 1699, l'imposante et représentative aile nord (Fürstenbau) fut reconstruite par **Antonio Petrini** et **Joseph Greising**. La **fontaine du parc** date à peu près de la même époque ; ses statues languissantes représentent les rivières de Franconie et sont de **Jacob van der Auvera**. Tout à côté, un pavillon blanc orné de jaune, le **Gartenpavillon**. Qui supposerait qu'au XVIIIe et XIXe cet élégant bâtiment était la salle où se

donnait les cours d'anatomie, le **theatrum anatomicum**?

SUGGESTION : *L'élégante pharmacie originale de l'époque rocaille mérite une visite.*
De lun à ven : de 14 à 15 heures, (entrée dans la cour intérieure, sonner à la porte). ***Tel : 0931 / 393-2311***

En haut : pavillon dans le jardin du Juliusspital.
A droite, en haut : l'élégante pharmacie rocaille.
Au milieu : la fontaine aux rivières dans le petit parc devant le bâtiment Fürstenbau.

Dès le début de son histoire, l'hospice avait des **vignobles** devant assurer son économie et sous l'hôpital actuel se trouvent encore le dédale des vastes **caves à vin.** Rien que la salle avec les fûts de bois sous le bâtiment construit par **Petrini** mesure 250 mètres de long. Le Juliusspital qui fait partie des trois grands domaines de Franconie est aussi un des plus grands en Allemagne. Il possède à Würzburg même et en Franconie des vignobles parmi les plus prestigieux. Sa **Fête du Vin** est organisée avec des **journées culturelles,** des expositions et un programme musical fort varié.

Dégustation de vin tout à côté dans **la taverne** (**Weinstube Juliusspital**, Juliuspromenade 19 Tel : 09 31 / 54 080)

Vente du vin: Weineck Julius Echter
Koellikerstraße ½, Würzburg
Tel : 0931 / 3931450
De lun à ven: de 9 à 18 heures,
le samedi de 9 à 16 heures

L'église Augustinerkirche

Dominikanerplatz 2, Würzburg

Ici se trouvait à l'origine le **couvent des dominicains**. Le **chœur** de l'église fut consacré en 1279 et, au XVIIIe, on réaménagea la **nef centrale** d'après les plans de **Balthasar Neumann**, puis **Antonio Bossi** fit les stucs du chœur ancien conservés jusqu'à nos jours. En 1813 les augustins s'installèrent dans le monastère que les dominicains avaient dû abandonner en 1804 au moment de la sécularisation.
Tout ne fut pas détruit lors de la Seconde Guerre mondiale. On peut admirer, entre autres, **l'autel central** peint par **Nikolaus Treu** en 1771. De vives couleurs représentent la victoire de la flotte chrétienne à la bataille de Lepanto, victoire due aux rosaires dits par les dominicains.

L'église Stift Haug ❻

Angle des rues Bahnhofstr. et Heinestr.

Les canonistes étaient logés sur les hauteurs, là où se trouve de nos jours la gare. Quand, après la **Guerre de Trente Ans,** une nouvelle enceinte plus large entoura la ville, ils durent quitter cet endroit mais reçurent un beau dédommagement. La coupole actuelle est si imposante que de temps à autres on la prend pour la cathédrale, c'est en tout cas le chef d'œuvre d'**Antonio Petrini,** venu en 1660 de ses montagnes tyroliennes à Würzburg. Ses contemporains allèrent jusqu'à raconter que le diable aurait eu maille à partir dans la construction tant celle-ci leur paraissait suspecte.
La majeure partie de l'aménagement intérieur a disparu et Munich a prêté l'imposant tableau de **Jacopo Tintoretto** qui domine le chœur avec sa représentation impressionnante de la **crucifixion.**

Hospice Bürgerspital zum Heiligen Geist

Semmelstraße 2, Würzburg

Visites : en saison touristique le samedi à 14 heures, billets là où on achète le vin (voir en bas)
Environ une fois par mois dégustation officielle
Tel : 09 31 / 3 50 34 51
Carillon : tous les jours 11, 13, 15 et 17 heures
www.buergerspital.de

A gauche : des stucs ornent le chœur de l'église Augustinerkirche.
A droite, en haut : vue sur la cave des vins du Bürgerspital.

Lors de sa fondation en 1316 on l'appelait le « **nouvel hospice** » mais aujourd'hui c'est la plus ancienne organisation sociale pour les habitants. La petite **église** gothique date encore de l'époque de la fondation avec le monument à la mémoire des fondateurs **Johannes** et **Mergadis von Steren**. L'**aile sud** qui longe la rue fut reconstruite après 1945, par contre un charme tranquille des temps passés émane de la **cour intérieure** pittoresque, avec ses **arcades** jaunes et rouge orange d'**Andreas Müller.**

Ici aussi on retrouve la combinaison d'autrefois entre bonnes œuvres et **vignobles**. Le Bürgerspital est devenu le troisième plus grand domaine viticole de Franconie, avec des grands crus comme le **Würzburger Abtsleite** et le **Stein,** où il possède à lui seul le centre appelé **Harfe** (harpe).

Il organise deux **Fêtes du Vin** bien différentes : une dans la cour intérieure historique au centre de la ville et une **Weinparty** dans les locaux situés dans les vignobles du **Pfaffenberg.**

Vous avez le choix gastronomique entre la **taverne traditionnelle** avec des spécialités locales (Theaterstraße 19, Tel : 09 31 / 35 28 80) et la nouvelle **vinothèque** qui sert de petits en-cas pour accompagner les vins.

(Ludwigstraße 1a, Tel : 09 31 / 35 03 456)

Vente du vin au coin des rues Theaterstraße et Semmelstraße : du lun au ven : de 9 à 18 heures, le samedi de 9 à 15 heures.

Par-dessus la ville – la forteresse Marienberg

Murs étroits et vaste panorama – un puits profond, un donjon et une église de la Vierge – bastions imposants et sombres casemates – deux grands musées et un jardin en forme de gondole

A gauche : la forteresse Marienberg trône sur une colline escarpée au dessus du Vieux quartier du Main.
En haut : la tour de Kilian près de l'entrée dans la cour intérieure du château fort.

Un hautain château fort

Ici les princes-évêques s'étaient littéralement emmurés. Les murs de fortification, les bastions encerclaient le château médiéval et devenaient vers l'extérieur de plus en plus modernes, hauts, puissants et techniquement élaborés. Cependant au cours des siècles fut atteint le point où la sécurité militaire n'était plus vraiment assurée. Il en est resté un complexe fascinant qui, en plus, héberge deux importants musées, le Mainfränkisches et le Fürstenbaumuseum.

Forteresse Marienberg

Oberer Burgweg
Tel : 0931 / 355170

Les extérieurs sont accessibles gratuitement dans la journée.
Petit magasin du musée en allant vers la seconde cour intérieure.
Visites (entre autres église, puits, casemates et jardin des princes) : de la mi-mars à fin octobre à 11, 14, 15 et 16 heures, samedi, dimanche et jours fériés en plus à 10 et 13 heures.
Billets dans le petit magasin du musée ou alors combiné avec le musée Fürstenbaumuseum.
www.schloesser.bayern.de

Historique

Cette colline très escarpée, surmontant le Main proche, fut habitée et fortifiée fort tôt. Des princes celtes puissants y résidaient déjà à l'époque de **Hallstadt**, comme permettent de le penser des tessons de céramiques visiblement importés de la lointaine Grèce. Les **ducs de la Franconie** avaient

A voir absolument à la forteresse Marienberg

1. *Collection Riemenschneider au musée Mainfränkisches Museum*
2. *Eglise Marienkirche*
3. *Petit temple et le puits profond*
4. *Jardin des princes*
5. *Maquette de la ville moyenâgeuse dans le musée Fürstenbaumuseum*
6. *Miniature d'un char découvert à Acholdshausen au musée Mainfränkisches Museum*
7. *Tour aux mâchicoulis*

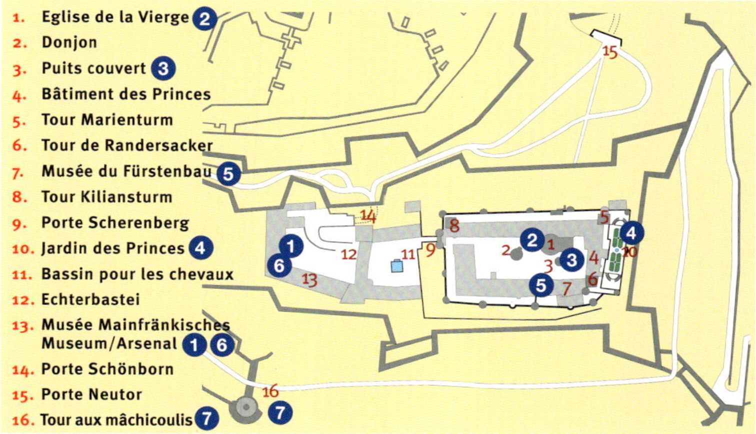

sans doute édifié un castel sur la colline au VIIIe. Puis **Immina**, fille du dernier duc, laissa la colline Marienberg à l'**évêque de Würzburg Burkard** en échange du monastère de **Karlburg**, ce qui plus tard, quand les évêques se trouvèrent en conflit avec les Würzbourgeois, se révéla très avantageux pour eux.

En haut : la porte moyenâgeuse Scherenbergtor défend l'accès à la cour intérieure

Proposition de visite

On va d'abord dans **le jardin des princes** ❹ avec sa vue grandiose sur la ville et la vallée du Main (entrée par la cour intérieure) puis, visite de la cour avec le donjon, **l'église Marienkirche** ❷ et **le petit temple au-dessus du puits** ❸. C'est dans cette cour que se trouve aussi l'entrée du **Fürstenbaumuseum** ❺, installé dans l'aile qui fait face à la ville. De là on passe les portes Scherenbergtor et Echtertor pour arriver

dans la cour du devant du château, où se trouve le **Mainfränkisches Museum** avec les œuvres de **Riemenschneider** ❶ qui sont un des grands moments de la visite. Pour terminer on fera le tour de la forteresse à pied (entrée dans la cour Greiffenclauhof, à gauche du bastion Echterbastei).

Vers 1200 l'évêque **Konrad von Querfurt** commença la construction d'un château fort et quelques années plus tard ses successeurs y élirent domicile. Au cours de la **Guerre des Gueux**, les habitants et les paysans ne réussirent pas à prendre cette citadelle qu'ils avaient assiégée en 1525. C'est ainsi que le prince-évêque **Konrad von Thüngen** eut le temps d'aller chercher à l'extérieur les renforts dont il avait besoin pour asséner une défaite totale aux rebelles.

Pendant **la Guerre de Trente Ans** par contre les Suédois réussiront à

En haut : au fronton de la porte Neutor achevée en 1648 on voit les armes de Johann Philipp von Schönborn, le constructeur.

A droite : de rondes tours médiévales protègent l'intérieur du château fort.

conquérir la forteresse. Après cette guerre elle fut entourée, ainsi que la ville, de vastes **fortifications** renforcées par des **bastions** d'après des modèles que les Suédois, qui s'attendaient à un siège beaucoup plus long, avaient conçus. Alors que les fortifications sur la rive droite ont disparu, celles de l'époque baroque sur la Marienberg ont été presque entièrement conservées.

Après la fin des conflits avec les habitants de la ville, et comme leur train de vie n'était plus guère compatible avec un château dont le centre était encore resté médiéval, les princes-évêques décidèrent de s'installer en bas, en ville, dans la Résidence flambant neuf. La forteresse perdit son importance politique mais garda ses fonctions militaires qui se révéleront encore importantes lors des **coalitions** contre la France de 1792 à 1815.

Mais quand les **Prussiens** bombardèrent la forteresse avec leurs canons postés près de la chapelle Käppele, ils mirent rapidement le feu aux premiers bâtiments ; fort heureusement un armistice général fut signé le lendemain. Preuve ayant été faite que la forteresse n'était plus d'aucune utilité lors d'une guerre moderne, la Bavière lui retira en 1867 ses fonctions.

L'ensemble du complexe

La construction du château fort commença au XIIIe à **l'est**, au dessus de l'escarpement qui surmonte le Main. A l'ouest un **fossé profond** délimite le terrain. Les bâtiments entourant la grande **cour intérieure** ne sont plus, en grande partie, de l'époque de la construction. Ils furent de nombreuses fois réaménagés ou même entièrement reconstruits après des incendies. Seul le **donjon** rond et tout simple, avec son rez-de-chaussée servant de cachot, est encore de l'époque de la première construction.

On suppose que dès le VIIIe il y avait une **église** sur la colline, mais il n'est pas sûr qu'il s'agisse de celle précédant l'église **Marienkirche** d'aujourd'hui ❷, et bien des experts pensent que celle-ci ne date que du XIe. Vers 1600 on lui ajouta un nouveau **chœur** et, presque en même temps, **Michael Kern** édifia le magnifique **portail d'entrée.** Au sol, les **pierres tombales** de vingt et un évêques, cependant, selon une coutume séculaire, seules les viscères des défunts princes reposent ici.

En haut : la cour intérieure avec le donjon, l'église et le petit temple surmontant le puits.

A droite : des autels richement décorés ornent les niches murales de l'église Marienkirche toute ronde.

Le **puits profond** creusé dans le roc, qui capte deux sources à cent mètres de profondeur, date aussi du Moyen Âge. Le gracile **petit temple octogonal** de la Renaissance ❸ le surmontant ne fut redécouvert que dans les années trente, lors de travaux de rénovation : il avait été dérobé aux regards par une massive construction en pierre lors de la guerre de Trente Ans. Après sa restauration, il fut couronné par la sculpture dorée, Fortuna, de l'artiste de Würzburg **Fried Heuler.** Trois tours gardent la cour. La plus ancienne date de la première phase de la construction, c'est la **tour de Kilian**, au nord. En 1308 s'y ajoute au sud-ouest la **tour de Randersacker** que les rebelles durent construire en punition d'une révolte qui n'avait pas tourné à leur avantage. Tilman Riemenschneider y fut retenu prisonnier en 1525. Par contre la Marienturm couronnée par une Vierge dorée au milieu de rayons n'a qu'une fonction décorative.

La tour ouest rénovée par l'évêque **Rudolf von Scherenberg** (connu par l'œuvre magistrale de Riemen-

schneider dans la cathédrale) est surmontée par une Vierge au-dessus des saints Kilian, Totnan et Kolonat. **Lorenz von Bibra,** successeur de Scherenberg, embellit la façade faisant face à la ville du **bâtiment des princes.** On lui doit aussi l'escalier en colimaçon, **Bibratreppe**, joliment couronné de sa propre petite tourelle sur le côté de la cour.

La première cour à l'ouest, avec son **bassin à chevaux**, date de l'époque de **Julius Echter** qui avait déjà dû faire reconstruire, après un incendie dans l'aile sud, la **bibliothèque** et un appartement d'hiver, de nouveau le feu l'obligea à de vastes travaux dans **l'aile nord.**

Le jardin des princes 4

D'avril à octobre, de 9 à 17.30 heures

Au XVIIe on installa le **jardin des princes** sur une terrasse située à l'est. Remanié plus tard dans le goût du jour baroque avec des parterres de fleurs géométriques, des jeux d'eau et des statues, son emplace-

ment et sa forme si particulière le font souvent comparer à une gondole.

Julius Echter von Mespelbrunn

(1545-1617)

Les ***armoiries de sa famille,*** *reconnaissables aux trois cercles en diagonale, se voient encore dans maints endroits, et témoignent de l'importance de ce personnage. Né le second dans une famille de neuf enfants, il grandit dans les forêts du Spessart au* ***château familial de Mespelbrunn****. Après des études à Louvain, Paris et Rome entre autres, il fut reçu au chapitre de Würzburg et intronisé, à l'étonnement de tous,* ***prince-évêque*** *en 1573. Immédiatement il entreprit des réformes administratives et juridiques laissant, avec la fondation du* ***Juliusspital*** *en 1576, puis de* ***l'université*** *en 1582, des traces indélébiles à Würzburg. Le combat contre les idées de la Réforme marqua toute sa politique. Pour cela il fit édifier ou restaurer plus de trois cents églises dans toute la Basse Franconie, toutes reconnaissables à leurs* ***clochers*** *typiquement pointus. Son règne fut marqué par des représailles contre les protestants et surtout la* ***persécution des sorcières,*** *particulièrement sanglante à Würzburg. Echter mourut en 1617, à la veille de* ***la Guerre de Trente Ans.***

L'imposant bastion carré, Echterbastei, à l'ouest du bassin aux chevaux, fut pris par les Suédois au cours de la Guerre de Trente Ans en 1631, puis l'intérieur fut mis à sac lors du pillage du château. La précieuse ***bibliothèque*** *de Julius Echter fut transportée en Suède et remise à l'université d'Uppsala.*

A gauche : du jardin des princes-évêques, en forme de barque, vue imposante sur la ville.
En haut : coucher de soleil sur la colline Nikolausberg au dessus des tours de la forteresse.

taient de tirer sur les troupes qui montaient à l'assaut sans qu'il y ait d'angle mort ; le **couloir couvert** qui reliait cette massive tour de quatre étages au reste des fortifications avait une importance essentielle.
C'est **Jakob van der Auvera** qui sculpta les armoiries du prince-évêque **Christoph Franz von Hutten** sur le côté face au vallon Leistengrund.
A la fin du XVIIe, les deux cours existantes à l'ouest se virent précédées d'une autre cour dans laquelle se trouvent les bâtiments abritant de nos jours le musée Mainfränkisches.

Mainfränkisches Museum

Tel : 0931 / 20594-0

D'avril à octobre :
mar à sam de 10 à 17 heures
De novembre à mars :
mar à dim de 10 à 16 heures
Audio-guide en allemand et anglais
Possibilité d'un billet combinant ce musée et celui du Fürstenbau.
www.mainfraenkisches-museum.de

La tour aux mâchicoulis 7

Pas de visites, sauf sur demande
Tel : 0931 / 35517-0
www.schloesser.bayern.de

Cette tour **aux mâchicoulis** surmontant le vignoble **Innere Leiste** est une des dernières fortifications construite sous la surveillance de **Balthasar Neumann** entre 1724 et 1729. Elle doit son nom aux vingt-sept fentes verticales, les **mâchicoulis,** qui permet-

En haut : horloge datant du milieu du XIVe dans le Mainfränkisches Museum.
Au milieu : le char d'Acholshausen est un objet rare datant des débuts de l'histoire.
A droite : statues originales d'Adam et Eve par Riemenschneider pour la chapelle sur la place du marché.

Le musée attire les visiteurs, surtout pour les vastes collections d'œuvres d'art et de l'histoire de la Franconie. **La salle Riemenschneider** 1 offrant un grand nombre de travaux de tout premier plan du grand maître en est le joyau.

Le musée fut ouvert sous le nom de « **Musée franconien Luitpold** » en

1913 dans la rue Maxstraße, près de la Résidence. Après sa destruction en 1945, il réouvrit dès 1947 dans les bâtiments de la forteresse où il occupe quelques 5400 m², riches en histoire, répartis dans les **Zeughaus, Komandantenbau** et **Echterbastei**. Ses collections sont devenues si importantes et variées qu'on ne peut en présenter ici qu'un aperçu.
S'y ajoutent les collections sur **l'histoire de la ville,** présentées séparé-

ment dans le **Fürstenbaumuseum**, second musée à trouver place dans la forteresse.

Le musée expose des objets de la période paléolithique jusqu'au XIXe et on peut y découvrir plus d'une **sculpture originale**, remplacée par une copie exposée au mauvais temps là où elle se trouvait à l'origine. La miniature d'**un char de bronze** vieux de trois mille ans ❻, avec ses quatre têtes d'oiseau qui semblent en sortir, attire le public dans les pièces consacrées à la préhistoire. C'est la réduction d'un grand char servant au culte trouvé à Acholshausen, au sud de Würzburg. On admirera aussi des bijoux, fibules, pièces

Tilman Riemenschneider

(ca. 1460-1531)

Ce sculpteur sur bois et sur pierre vit le jour en Thuringe, vers 1460, dans la ville de ***Heiligenstadt*** *où son père était graveur de monnaie et il grandit à Osterode dans le Harz. Après son apprentissage il entreprit son* ***tour d'Allemagne*** *au cours duquel il travailla en Souabe et au bord du Rhin, peut-être même dans la région de la Moselle et aux Pays-Bas. En 1583 il s'établit compagnon à* ***Würzburg*** *où il épousa deux ans plus tard la veuve d'un maître,* ***Anna Schmidt****, obtenant ainsi une maison, les droits civils et une place de maître. Sa carrière pouvait commencer. Des œuvres comme les statues d'****Adam et Eve*** *au portail de la Marienkapelle de Würzburg l'aideront à asseoir son renom d'artiste de premier ordre et ainsi à agrandir considérablement son atelier. De plus sa célébrité lui valut maints postes politiques. Le Conseil de la Ville lui demanda son aide lors de la* ***Guerre des Gueux*** *et Riemenschneider, qui à l'époque était* ***maire*** *sortant et* ***membre du conseil supérieur****, prit parti pour les rebelles. A leur défaite, il fut emprisonné dans la forteresse et sans doute torturé. Les recherches scientifiques nient qu'on lui aurait brisé les mains comme le raconte la légende. Néanmoins une partie de sa fortune fut confisquée et après sa libération on ne lui demanda plus que quelques insignifiantes réparations. Après sa mort en 1531 il tomba dans l'oubli pour de nombreuses années. Riemenschneider est un des plus grand artistes de la* ***fin de l'ère gothique****. Il créa des visages impressionnants, des corps souples dans des vêtements aux plis harmonieux tandis que des détails comme la chevelure ou les mains sont soigneusement travaillés. Il laisse en Franconie du Main de nombreuses œuvres toutefois il n'est pas toujours possible de savoir toujours s'il s'agit d'œuvres personnelles ou faites par son* ***atelier.***

En haut : la pierre tombale de Tilman Riemenschneider trouvée dans la cathédrale.

A droite : à l'entrée du hall Kelterhalle, porte en fer forgé de Nikolaus Neeb.

de monnaie, gobelets, haches et cognées qui datent d'avant la christianisation. On verra aussi divers récipients médiévaux dont un verre bosselé et décoré qui doit avoir appartenu à une riche famille de la ville.

Ceux qui s'intéressent aux **costumes régionaux**, aux choses de la vie de tous les jours d'antan, aux meubles rustiques et à **l'art populaire** trouveront plusieurs exemples dans des salle spécifiques.

Beaucoup d'objets exposés datent de l'époque baroque ou rocaille. Outre la **porcelaine**, la **verrerie**, les **faïences** et les **meubles**, on peut admirer les originaux des statues de pierre pleines de mouvements dues à **Ferdinand Tietz** et crées pour le jardin du châtelet de **Veitshöchheim**. De la même époque baroque date la vaste collection des travaux de **Bozzetti** ayant servi de modèles pour des sculptures. De plus le musée possède de nombreuses œuvres **graphiques,** des **tableaux** et une partie réservée à l'**œnologie**.

Musée Fürstenbaumuseum

Avec le département consacré à l'histoire de la ville de Würzburg
Tel : 0931 / 355170

De fin mars à octobre :
de mar à dim de 9 à 18 heures

www.schloesser.bayern.de
www.mainfraenkisches-museum.de

Le **bâtiment des princes, Fürstenbau,** face à la ville conserve encore des restes du **palais moyenâgeux.** Les travaux de restauration entrepris après la Seconde Guerre mondiale durèrent jusqu'en 1990 et ce n'est qu'ensuite qu'on ouvrit ce musée dont la visite vaut la peine autant pour les objets exposés que pour l'architecture. On y verra des meubles précieux, des tapisseries et des tableaux dans **l'appartement des Bibra,** ainsi que **la Salle des Princes** avec des arcades murales pré-gothiques et la grande **tapisserie représentant la généalogie de Julius Echter.** La visite se termine

par le **trésor des princes-évêques** comprenant également une **collection de textiles et de chasubles**.
Au deuxième étage, un département est consacré à **l'histoire de la ville** et de ses habitants du XVIIIe au XXe. Une **maquette** très détaillée ❺ montre le Würzburg du début du Moyen Age, vers 1525.

Tous les chemins mènent à la forteresse

En voiture on ne peut qu'en emprunter la rue Höchberger Straße et l'Oberen Burgweg ; les places de **stationnement** sont payantes mais nombreuses ; d'un point de vue purement touristique, **le bus 9**, partant de la Résidence et passant par la Juliuspromenade puis le **Kulturspeicher** (seulement d'avril à novembre), est particulièrement intéressant. Toute l'année le bus 18, et quelques rares bus partant de la gare (Busbahnhof) s'arrêtent à « Oberer Burgweg », d'où il ne reste que cinq cents mètres à pied. Un très joli **chemin** bien indiqué part du Vieux Pont par les rues Zellerstraße et Tellsteige ; il n'est pas long mais escarpé. Un chemin bien plus long commence derrière l'église St. Burkard, dans le vieux quartier au pied de la colline, il serpente à travers les vignobles puis vers le sud et la tour aux mâchicoulis pour passer par les fortifications à l'ouest. Beaucoup de verdure, d'imposantes murailles mais aucun vaste panorama ne caractérisent le chemin empruntant le **Landesgartenschaugelände**, espace vert créé en 1990 ; il part du pont Friedensbrücke pour aller directement à la forteresse (entrée au coin des rues Luitpold et Dreikronen).

A droite : les fortifications en cercles concentriques autour de la forteresse sur la colline, à droite l'imposante tour aux mâchicoulis.

Käppele et Vieux Quartier du Main – la rive gauche

Le plus vieux quartier où la bande des brigands du livre de Leonhard Frank était chez elle – la Käppele de Balthasar Neumann et son chemin de croix planté de vieux arbres – pèlerinage et symbole

A gauche : platanes le long du chemin de croix montant à la Käppele.
En haut : l'église St. Burkard du Vieux Quartier du Main.

Le quartier des petites gens et la grandiose église de pèlerinage

Le Vieux Quartier du Main, le plus vieux quartier de la ville, possède sur un territoire réduit beaucoup de curiosités surprenantes, et l'imposante porte Burkarder Tor n'est pas l'une des moindres. Autrefois quand on la passait pour se rendre en pèlerinage à la Käppele, sur la colline Nikolausberg, il fallait rentrer le soir avant que les portes de la ville ne ferment, vous laissant dehors.

Proposition de promenade

Dans le Vieux Quartier du Main, il n'y a pas de grandes distances à parcourir. On partira de **Spitäle** ❺ au bout du Vieux Pont sur le Main pour aller tout d'abord à droite jusqu'à **l'église des chevaliers teutoniques** ❸ puis, revenus sur place, on prendra la rue Burkarderstr. en direction de l'église du même nom, mais au lieu de longer la rue principale, passez par la petite ruelle parallèle un peu en contre bas d'où partent les ruelles Spitalgässchen 1, 2 et 3 et la Felsengasse, au charme désuet. Après avoir visité l'église **St. Burkard** ❷, passez sous le chœur à l'extérieur de l'église pour arriver devant **l'ancienne prison des femmes** ❹ puis à la porte **Burkarder Tor** ❻.

Celui qui aime marcher ira sans problème à la **Käppele** ❶; pour cela il suf-

A voir absolument dans le Vieux Quartier du Main

- ❶ *La chapelle Käppele et le chemin de croix*
- ❷ *L'église Saint Burkard*
- ❸ *L'église Deutschhauskirche des chevaliers teutoniques*
- ❹ *L'ancienne prison des femmes*
- ❺ *Spitäle*
- ❻ *La porte Burkarder Tor*

fit d'aller tout droit, de traverser la Leistenstraße, de longer la Mergentheimerstraße avant de tourner à droite dans la Nikolausstraße. Sur la gauche, après quelques mètres, on dénichera un petit chemin qui monte vers les stations du chemin de croix.
Sinon on peut aussi aller en voiture ou en bus à la Käppele.

Proposition d'excursion

Au XIXe l'association chargée de l'embellissement de la ville commença par replanter les collines l'entourant et cette verdure caractérise aujourd'hui le paysage. C'est ainsi que sur le mont

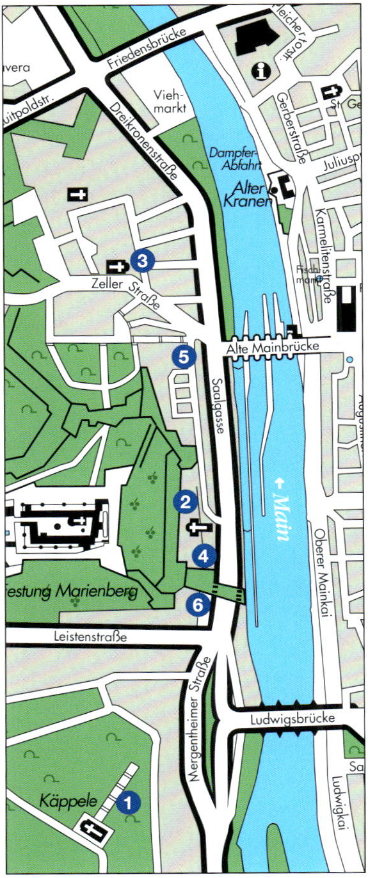

Nicolas, au-dessus de la chapelle baroque, a poussé le bois servant au repos de la population. On y va en voiture ou en prenant tout simplement **le bus 35** ; le vallon voisin, **Steinbachtal**, attirant aussi les promeneurs. Au milieu du plateau couronnant le Nikolausberg se dresse la **tour historique de la Frankenwarte** d'où on a un excellent panorama circulaire par temps clair (tourniquet à l'entrée fonctionnant avec de la monnaie). On jouit également d'une magnifique vue sur la ville dans deux cafés restaurants avec terrasses en plein air : Nikolaushof, Johannisweg, Tel : 09 31 / 79 75 00 et Schützenhof, Mainleitenweg 48, Tel : 09 31 / 72 422.

Le Vieux Quartier du Main

Le bas de la colline de la forteresse, aménagé très tôt, était selon toute vraisemblance déjà entouré de forti-

A gauche : vue des bastions par dessus la porte Burkarder sur l'ancienne prison des femmes.
En haut : la tour Frankenwarte, le plus haut point de la ville.

fications au VIIe : étant le plus court chemin entre le fleuve et le château fort, il fallait qu'il soit sûr. **L'évêque Burkard** y fonda la première église de la ville et le monastère **Saint André,** dont il ne reste plus rien de nos jours. Avec l'agrandissement de la ville, la surface habitable se mit à manquer et la rive droite bien plus vaste attira tellement les habitants que ce quartier, blotti au pied de la forteresse, devint celui des **pêcheurs et petites gens**, comme en témoignent encore les ruelles aux nombreuses petites maisons qui se pressent les unes contre les autres et qui, malgré bien des constructions récentes, ont su garder le charme d'autrefois.

La porte Burdarder Tor ❻ et l'ancienne prison des femmes ❹

Si on suit l'ancienne rue qui passe sous le chœur de l'église St. Burkard en allant vers le sud, on arrive directement sur une petite place avec un bâtiment rébarbatif construit en 1810 pour servir de **prison aux femmes**. Sa façade devait symboliquement « parler », par exemple: les dix piliers rappelant les dix commandements devaient les inciter à vivre vertueusement. **Peter Speth** construisit l'ensemble qui, avec son architecture influencée par la Révolution française, est rare à Würzburg. De nos jours, les jeunes allant au **centre culturel Cairo** emplissent les murs d'une nouvelle vie.

Le sud de la placette est dominé par la porte **Burdarder Tor**, érigée en 1680 par **Antonio Petrini**, elle faisait partie des nouvelles fortifications baroques de la ville. Seuls les piétons et cyclistes empruntent de nos jours ce passage, courbe pour éviter les balles.

L'église Saint Burkard ❷

Burkarderstr. 42, Würzburg
L'histoire de l'église est mouvementée : **Burkard,** premier évêque de la ville, fonda ici, en 750, le **monastère Saint André**, lui servant également de siège épiscopal. Ce monastère perdit bien évidemment cette fonction lors de la construction de la cathédrale sur la rive droite. L'église dut être reconstruite après un incendie au XIe et, à la fin du XVe, on y ajouta une **nef latérale** avec un **chœur** dans la **partie est.** Puis la **partie ouest** dut être abattue au XVIIe pour faire de la place afin de

A gauche : *la nef romane de St. Burkard fut raccourcie pour construire un canal entre l'église et le roc de la forteresse*
En haut : *des autels baroques ornent la travée de St. Burkard.*

construire un **canal** entre l'église et le rocher de la forteresse. En compensation, à l'autre bout de l'église, on termina la construction du chœur qui, cette fois par manque de place, dut subir un passage pour la circulation routière par en dessous.

Les diverses phases de la construction de l'église sont bien visibles à l'intérieur du bâtiment et le joyau en est un **buste de la Vierge**, œuvre de jeunesse de **Tilman Riemenschneider** ; sous le préau en allant vers les vignobles et la forteresse, une **scène du mont des oliviers** fut sculptée par **Wolfgang van der Auvera.**

SUGGESTION : *En passant par la petite porte derrière le groupe du mont des oliviers, on peut encore reconnaître le tracé de l'ancien canal et le petit étang devant la porte Burdarder Tor en faisait partie autrefois.*

En empruntant la rue Burdarderstraße on passe devant la première habitation de **Balthasar Neumann**, une simple maison aux n° 28-32 de cette rue. Au début de sa carrière, en 1719, il la dessina pour lui et deux autres fonctionnaires de la cour.

Spitäle 5

Zeller Str. 1, Würzburg
Tel : 0931 / 44119

De mar à jeu, sam, dim et jours fériés : de 11 à 18 heures
Le vendredi : de 11 à 20 heures. Entrée libre
www.vku-kunst.de

Le regard tombe obligatoirement sur le fronton de ce temple classique, l'ancienne église de l'hospice Hofspital, quand on vient du **Vieux Pont sur le Main**. C'est, avec un portail dans la Spitalgasse, **l'unique reste de cet hospice** fondé au XVe dédié aux **quatorze saints secourables**. De nos jours une association d'artistes régionaux, le VKU, y organise régulièrement des expositions.

L'église des chevaliers teutoniques, Deutschhauskirche ③

Zeller Str. 36, Würzburg

Tout au nord du Vieux Quartier du Main se dresse **l'église des chevaliers teutoniques** qui s'installèrent ici en 1219. **La tour,** de style fin art roman, fut terminée avant l'église et reçut plus tard un clocher baroque. **L'intérieur,** en beau gothique, fut quasi-

A gauche en haut : de vastes espaces verts couvrent le flan nord de la colline de la forteresse.

A gauche : fin travail au portail sud de l'église des chevaliers teutoniques.

En haut : l'église de ces chevaliers, Deutschhauskirche, s'élève au dessus de la rue Zeller Str.

ment épargné par la Seconde Guerre mondiale et les seuls dégâts remontent au XIXe lorsqu'il servit d'**entrepôt militaire.**

La Käppele ①

Nikolausberg

Tel : 0931 / 72670 (Monastère des Capucins)

L'église de pèlerinage sur le mont Nicolas, affectueusement appelée « petite chapelle », est devenue un symbole de la ville. Sa popularité remonte à un lieu de **pèlerinage en l'honneur de la Vierge Marie**, depuis la guerre de Trente Ans, et il ne cesse d'attirer les foules.

L'architecte **Balthasar Neumann** intégra la simple chapelle d'origine au bâtiment construit au milieu du XVIIIe et créa ainsi le plus beau chef d'œuvre de la fin de sa carrière. Comme par miracle aucune guerre ne lui causa de dommage ultérieurement.

Le splendide **intérieur** allie **les stucs de Johann Michael Feichtmayr** aux fresques du plafond dues à **Matthäus Günther**. La **peinture centrale de la voûte** représente le couronnement de la Vierge, sainte patronne de la Franconie. L'apothéose du style rocaille laisse deviner les premiers éléments du nouveau style, par exemple dans l'**autel central de Georg Winterstein**, tandis que dans la **chapelle des grâces, Gna-**

En haut : Balthasar Neumann créa avec la Käppele un des symboles de Würzburg.

A droite : l'église de pèlerinage fascine le visiteur par sa décoration splendide.

denkapelle, le passage au classicisme avec des stucs dans le style de **Materno Bossi** est déjà réalisé.

Un « **couloir des miracles** » derrière l'église, aux ex-voto naïfs et touchants, témoigne des soucis et de la chance des croyants. C'est une idée de **Neumann** que d'installer le **chemin de croix** sur les terrasses descendant vers la ville où quatorze petites chapelles abritent les sculptures de **Johann Peter Wagner**. Ses 256 marches sont ombragées de platanes et, selon une légende, la Vierge Marie a elle-même laissé l'empreinte de son pied sur une des pierres de la troisième terrasse.

Chemins menant à la Käppele :

Le plus impressionnant est la montée à pied par la Nikolausstr. puis par le chemin de croix.

Le bus 35 part de Sanderring, passe par la rue Nikolausstr. pour aller à la Frankenwarte, mais attention : tous ne desservent pas l'arrêt « Käppele ». **En voiture:** Nikolausstr. jusqu'au **parking** Albert-Günter-Weg et de là deux cents mètres à pied.

Leonhard Frank

(1882-1961)

Leonhard Frank grandit à Würzburg dans une famille très simple. Il alla à ***Munich*** *poussé par le désir de devenir artiste et s'y adonna plus tard à l'écriture. En 1914 parut son premier livre sur une* ***bande de brigands****, en fait les jeunes vivant dans ce Vieux Quartier du Main. Ce livre, décrivant avec amour mais non sans critiques, la vie würzbourgeoise connut rapidement un grand succès et dans les années 20 Frank, qui vivait entre temps à* ***Berlin****, comptait parmi les auteurs les plus célèbres. Ce* ***pacifiste****, ayant déjà* ***émigré*** *lors de la première guerre mondiale, dut de nouveau, en 1933, fuir l'Allemagne à cause de ses engagements politiques. Après un aventureux périple, il se retrouva aux* ***USA****, où il restera jusqu'en 1950, pour finir ses jours à* ***Munich****. Une plaque commémorative, due à l'artiste* ***Renate Jung****, se trouve en bas de l'église Deutschhauskirche.*

Encore bien des choses à voir

Les universités, l'Ancienne et la Nouvelle, une promenade scientifique – le musée du Kulturspeicher – Shalom Europa – Siebold, explorateur au Japon – petit château et jardins à Veitshöchheim

A gauche : vue du Stein sur le Main avec le Vieux Pont et le pont aux lions, au premier plan l'ancienne douane de la rue Veitshöchheimer Straße.
En haut : groupe de Prométhée de la Nouvelle Université.

Universités, musées et excursion

Une partie des choses à découvrir proposées dans ce chapitre se trouvent sur la rive droite, directement au centre ou pas bien loin, par exemple les bâtiments universitaires ou le musée du Kulturspeicher. D'autres, comme le musée de Siebold, sont trop loin pour qu'on y aille à pied mais sont d'accès facile. Pour ce qui est de Veitshöchheim, l'excursion peut même devenir un événement.

Le parc entourant la ville, le Ringpark

Le parc en demi-cercle entourant le centre de la ville est une curiosité en soi. C'est ici que se trouvaient les fossés et les fortifications devant les murailles formant ce qu'on appelait alors « **Glacis** », nom qui est resté jusqu'à nos jours pour ce parc. Après l'achat par la ville en 1868 de l'ensemble des fortifications, elles furent rapidement rasées sur la rive droite. Mais qu'en faire ensuite : des boulevards, les vendre comme terrains à bâtir ou les transformer en parc ? La décision fut prise en 1880 et on confia au Suédois **Jens Person Lindahl** le soin d'en faire un espace vert.

A voir

1. Musée du Kulturspeicher
2. Vieille université
3. Là où Röntgen travailla
4. Musée Shalom Europa
5. Musée de Siebold

Défiant toute concurrence:

château et jardins Rokokogarten à Veitshöchheim

En haut : de nombreuses flèches d'églises rappellent le rôle important joué par l'Eglise catholique dans l'histoire de Würzburg.

Ce paysagiste développa un ensemble avec de petits vallons, des pièces d'eau, des pelouses et des parterres. Presque toutes ses idées furent réalisées et donnent au parc son caractère varié ; cependant à l'époque personne n'était enthousiasmé, bien au contraire, et c'est ainsi qu'il mit fin à ses jours en 1887. Une stèle près de la rue Sanderring rappelle le souvenir du malheureux pratiquement à l'emplacement de son suicide.
Le demi-cercle verdoyant avec de nombreuses aires de jeux pour les enfants est très populaire maintenant, surtout la partie nommée « **Petit Nice** », **Klein-Nizza**, derrière la Résidence où, à côté d'un vaste terrain de jeux pour les petits on trouve une mare aux canards et des volières. **La fête** organisée en août dans ce cadre avec programme pour enfants et musiciens rencontre un vaste succès auprès des habitants sans être encore trop courue !

Bâtiments universitaires

Dans la seconde partie du XIXe la médecine et les sciences naturelles eurent de plus en plus de succès à la faculté. Des médecins, comme **Ru-**

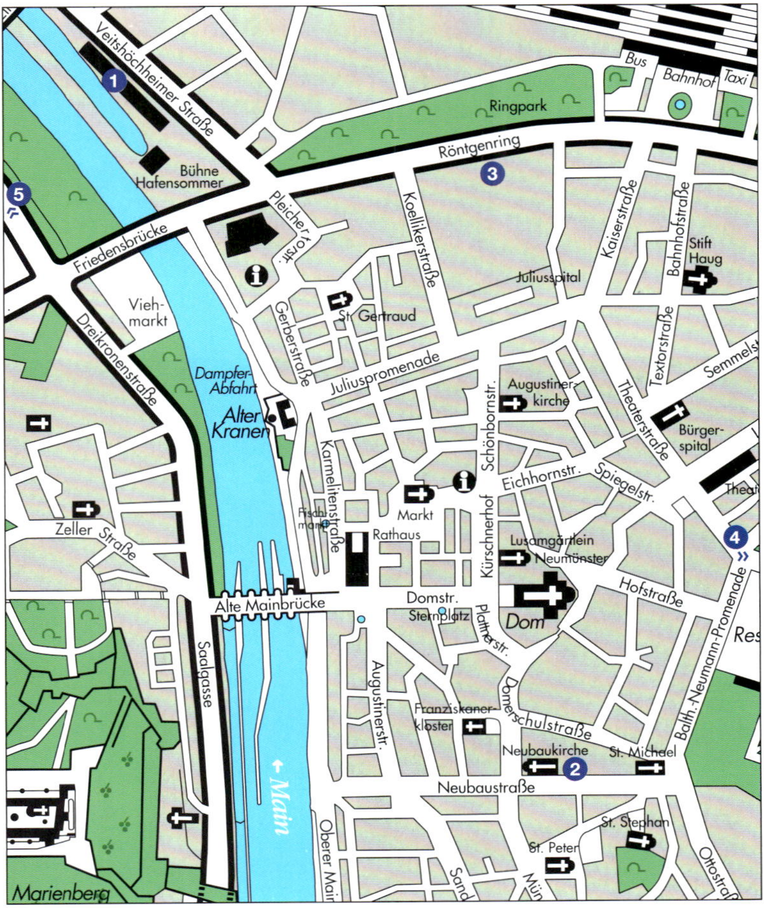

dolf **Virchow** ou **Albert von Kölliker**, y enseignaient et travaillaient aussi à leurs recherches, mais la place manquait partout. Ce fut donc un hasard bienheureux que, sur l'emplacement des anciennes fortifications, la faculté puisse élever rapidement toute une série de nouvelles constructions universitaires qui persistent encore en grande partie ; par exemple l'ancienne clinique ophtalmologique, les pavillons de chimie, zoologique, de physiologie et de physique. Cette expansion fut favorable aux sciences car dix des **treize Prix Nobel** issus de l'université de Würzburg jusqu'à aujourd'hui ont travaillé dans ces lieux.

Wilhelm Conrad Röntgen
(1845-1923)

Ce fils d'une famille de drapiers est originaire de Remscheid-Lennep. En 1868 il termina ses études d'ingénieur en Suisse et passa sa thèse. Après des séjours professionnels à Würzburg, Strasbourg, Hohenheim et Gießen, il obtint une chaire de physique à Würzburg. Au soir du 8 novembre 1895 il découvrit les rayons X, qui portent son nom en Allemagne, et présenta dès janvier 1896 sa découverte à la Société de Médecine et de Physique, ce qui lui valut un grand succès. En 1900 il rejoignit Munich pour y enseigner et y continuer ses travaux. L'Académie des Sciences Royale de Suède lui décerna le 10 décembre 1901 le premier Prix Nobel de Physique.

SUGGESTION: *Celui qui veut en savoir plus sur les treize Prix Nobel peut s'informer en face, dans le parc, en suivant le sentier « Nobelpreisträger-Lehrpfad ».*

Monument à la mémoire de Röntgen ❸

Röntgenring 8, Tel : 0931 / 3511-102

De lun à jeu : de 8 à 16 heures,
le vendredi : de 8 à 15 heures
www.wilhelmconradroentgen.de

Le plus connu de tous les lauréats du Prix Nobel est sans aucun doute **Wil-**

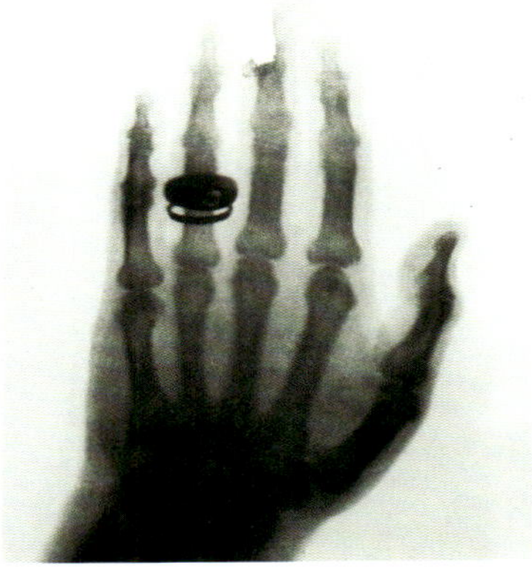

helm Conrad Röntgen qui découvrit les rayons X en 1895 dans les locaux flambant neuf de ce qui est maintenant la « **vieille physique** ». Une exposition permet de voir le **laboratoire original** avec les instruments ainsi que la salle de cours historique.

Le quartier Pleich

Bien que cette **banlieue** d'antan ait déjà été intégrée à l'intérieur de l'enceinte de la ville médiévale, elle a gardé jusqu'à nos jours son caractère de petit village. C'est ici qu'on trouve la **plus vieille maison** bourgeoise de Würzburg, au 16 de la ruelle Pleicherkirchgasse, elle date de 1521. Au cœur de l'entrelacs de ruelles et venelles se niche **Ste Gertraud**, une église toute simple bâtie au début du XVIIe sous **Julius Echter.**

Musée du Kulturspeicher ❶

Veitshöchheimer Str. 5

Tel : 0931 / 32225-0

Mar : de 13 à 18 heures, mer ven sam et dim : de 11 à 18 heures, jeu : de 11 à 19 heures. Visites guidées thématiques ou pédagogiques à la demande

www.kulturspeicher.de

A gauche : illumination des instituts historiques de l'université sur le Röntgenring.
En haut : laboratoire de Wilhelm C. Röntgen.
Au milieu : radio de la main du professeur Albert von Kölliker du 23 janvier 1896.

Ce musée, ouvert en 2001 et présentant des œuvres sur 3500 m², est une harmonieuse construction qui allie les anciens bâtiments du port et de la douane à l'architecture moderne. L'aile droite est réservée aux **collections de la galerie municipale** existant depuis le XIXe, composée d'œuvres d'artistes ayant une certaine relation avec la ville. Les travaux d'**Emy Roeder**, sculpteur originaire de Würzburg, occupent une grande place et parmi eux quelques œuvres expressionnistes comme par exemple une femme enceinte.

Dans l'autre aile, le visiteur sera confronté à un art totalement différent : plus de deux cent cinquante tableaux, des objets animés ou lumineux de la collection d'Art Concret en Europe après 1945, don de **Peter C. Ruppert**. Parmi les artistes on trouve d'illustres représentants comme **Max Bill** ou **Victor Vasarely**.

Des expositions thématiques régulières complètent l'offre intéressante de ce musée.

Promenade culturelle, Kulturmeile

A l'intérieur des bâtiments du Kulturspeicher, comme aux alentours, se sont installées d'autres offres culturelles : dans le bâtiment même du musée, la **galerie BBK** montre les travaux d' artistes régionaux, puis on trouve le **tanzSpeicher**, spécialisé dans la danse contemporaine, et le **Bockshorn** avec ses humoristes. Enfin la péniche **Arte Noah** présentant des artistes contemporains est à l'ancre dans l'ancien port qui of-

fre en été un décor romantique pour des projections de films en plein air et autres festivités organisées par le comité du **Würzburger Hafensommer** (voir pages 121, 122 et 125).

Galerie BBK

Tel : 0931 / 50612
De mer à dim : de 11 à 18 heures,
le samedi : de 13 à 20 heures

Péniche d'art, Arte Noah

Tel : 0171 / 5454325
De mer à sam : de 15 à 18 heures,
le dimanche : de 13 à 17 heures

L'Ancienne Université ❷

Domerschulstr. 16
La première **université** fondée en 1402 dut fermer une dizaine d'années après, tandis que celle fondée par **Julius Echter** en 1582 existe toujours. **Georg Ro-**

A gauche : harmonie des architectures ancienne et moderne.
En haut : scène de vie nocturne derrière le Kulturspeicher au bord de l'ancien port.

bin dessina le **bâtiment** donnant sur la rue Domerschulstr. par trois grands portails. En 1696 la tour de **l'église universitaire** fut achevée par **Antonio Petrini**, c'était alors la plus haute de Würzburg et **l'observatoire** universitaire s'y trouvait, remplacé maintenant par un **carillon**. L'église sert de nos jours de salle de festivités, mais les autres bâtiments sont toujours réservés à l'enseignement. On ne peut donc admirer que l'extérieur.
A l'est, l'ancien **collège des jésuites**, aujourd'hui le **séminaire** (Domerschulstr. 18), continue l'ensemble, nous devons sa façade à Josepf Greising.

Saint Etienne, St. Stephan

am Wilhelm-Schwinn-Platz

Cette église, de culte protestant de-

En haut : cour intérieure de l'Ancienne Université avec la tour de l'église Neubaukirche. Au Milieu : festivités universitaires et concerts ont lieu aans l'ancienne église Neubaukirche. A droite : la Nouvelle Université.

puis 1803, est l'œuvre de **Philipp Geigel** mais dut être pratiquement reconstruite après la Seconde Guerre mondiale ; les **deux tours** occidentales et la **crypte** remontent au XIe.

L'église Saint Michel, Michelskirche

Josef-Stangl-Platz 1

L'ancienne **église des jésuites** jouxte le séminaire et termine à l'est le complexe architectural ; elle est l'œuvre pré-empire de **Philipp Geigel** et **Michael Fischer.**

Saint Pierre, St. Peter

am Petersplatz

Eglise romane datant sans doute du XIe, elle fut remaniée en 1717 par **Joseph Greising** qui lui adjoignit une **façade baroque** de trois étages. Presque entièrement détruite en 1945, il n'en est resté que la **chaire de Wolfgang van der Auvera en style rocaille.**

La Nouvelle Université

Sanderring 2

Construction monumentale en style néo-baroque de 1896, la Neue Universität, comme on l'appela alors, abrite entre autre l'administration centrale universitaire. Actuellement la véritable nouvelle université se trouve à **Hubland**, sur les hauteurs de la ville, depuis les années 60.

L'église des carmélites

Sanderstr. 12

Appelée aussi **Reuererkirche**, parce que se trouvait ici jusqu'en 1564 un couvent de nonnes **Reuerinnen,** elle fut reprise plus tard par les **carmélites**. Pour la construction de la nouvelle église, on eut recours à **Antonio Petrini** pour cette première **église baroque.**

Monastère et église des franciscains

Franziskanergasse 7

www.franziskanerkloster-wuerzburg.de

La plus ancienne **fondation** par cet ordre en Allemagne remonte à 1221 au moment de la fondation du monastère qui s'installa ici en 1249. On commença rapidement à ériger une sobre église gothique qui fut reconstruite plus simplement encore après 1945. On y voit de nombreuses **pierres tombales** dont une bonne douzaine sont célèbres; une **pietà** de Tilman Riemenschneider et un **relief de Michael Kern** de 1613 montrant les stigmates de Saint Francois font partie du trésor de l'église.
Le cloître gothique, dont les ailes furent construites entre le XIIe et le XVe, est un des plus beaux de son genre.

Maisons de la Neubaustraße nº 6 à 12

Les **quatre maisons baroques** édifiées sous la direction de **Balthasar Neumann** dans la première moitié du XVIIe forment un front harmonieux et permettent de s'imaginer l'aspect de la ville à l'époque baroque. Ces bâtiments sont aussi connus en général sous le nom de maisons **Greisinghäuser.**

Musée Shalom Europa ❹

Valentin-Becker-Str. 11
Tel : 0931 / 404140

De lun à jeu : de 10 à 16 heures,
le dimanche : de 11 à 16 heures.

www.shalomeuropa.de

Le **centre culturel de la communauté juive** vient d'être terminé dans le quartier Frauenland, derrière la Résidence. Il est le centre d'une communauté de plus en plus grande.
L'exposition du musée, qui vient également d'ouvrir ses portes, informe de façon fort moderne sur ce qu'était la vie traditionnelle juive à Würzburg. Les nombreuses **stèles** du **cimetière médiéval juif**, trouvées lors de la destruction d'une maison dans le quartier **Pleich** en 1987, sont de première importance, elles donnent de précieux témoignages sur l'importance de la **communauté juive** à l'époque.

Centre de documentation juive

Tel : 0931 / 373111

De lun à jeu : de 13 à 17 heures,
le vendredi : de 9 à 12 heures.
Entrée libre
www.wuerzburg.de/stadtarchiv

Une exposition permanente au centre juif fournit également des informations sur l'historique de la vie des Juifs à Würzburg.

Musée de Siebold ⑤

Frankfurter Str. 87, Würzburg
(en tram, lignes 2 et 4)
Tel : 0931 / 413541

De lun à ven : de 15 à 17 heures,
sam et dim : de 10 à 12 et de 15 à 17 heures
www.wuerzburg.de/siebold-museum

Philipp Franz von Siebold, célèbre spécialiste du Japon, est originaire de Würzburg. Il fut un des premiers européens à aller explorer le Japon, à l'époque quasiment fermé aux étrangers. Le musée qui porte son nom est installé dans l'ancienne villa d'un directeur de brasserie dans le **quartier Zellerau**; il est consacré à la vie de l'infatigable admirateur du Japon et à ses voyages. Une partie des objets exposés se rapporte à la **famille des Siebold**, **des savants et médecins** dont les membres ont aussi œuvrés à Würzburg.

A gauche : cloître du monastère des franciscains.
A droite : maisons Greisinghäuser baroques dans la rue Neubaustraße.
En haut : détail d'une maison baroque.

Jardin botanique

Julius-von-Sachs-Platz 4
(en tram, lignes 3 et 5, direction Heidingsfeld)
Tel : 0931 / 8886240

Dehors : d'avril à septembre : de 8 à 18 et d'octobre à mars jusqu'à 16 heures
Serres : d'avril à septembre : de 8 à 17.30 et d'octobre à mars : de 8 à 15.30 heures
Entrée libre
www.bgw.uni-wuerzburg.de

Des serres tropicales aux jardins des paysans d'antan, on a l'embarras du choix. On peut également s'informer sur les plantes que **Philipp Franz von Siebold** ramena du Japon et introduisit en Europe.

Musée Minéralogique

Universität am Hubland (en bus: ligne 14)
Tel : 0931 / 8885407

Mercredi : de 14 à 16 heures et dimanche : de 14 à 17 heures, Entrée libre

On y trouve pierres précieuses, minéraux, cristaux et météorites.

Excursion à Veitshöchheim

Les jardins rococo où il fait bon se perdre et **le château** sont bien connus, mais le **vieux centre** avec ses pittoresques ruelles, les maisons anciennes et la **promenade le long du Main** avec les terrasses des cafés invitent à venir y faire un tour.

Il y a bien des possibilités de s'y rendre puisque Veitshöchheim n'est qu'à dix kilomètres au nord de Würzburg, **en auto**, **en bus** (lignes 11 et 19), **en train**, **en vélo** (la piste cyclable sur la rive gauche est la plus belle) ou même en bateau.

En haut : le monastère, Kloster Oberzell, au nord de Würzburg est entouré de murs.
Adroite : le centre de la vieille ville de Veitshöchheim aux portes des jardins Rokokogarten.

SUGGESTION : *Bateaux mouches, Schifffahrt, pour Veitschöchheim*
Départ sur le quai devant la Grue, Kranenkai, Würzburg
Tickets à l'embarquement, en saison horaires réguliers

- *Veitshöchheimer Personenschifffahrt Tel : 09 31 / 55633*
- *Schiffstouristik Würzburg Tel : 09 31 / 58573*

Kloster Oberzell

Zell am Main
Tel : 0931 / 4601-0

www.oberzell.de

Entouré de grands murs l'ancien **monastère des prémontrés** se trouve de l'autre côté du Main. Lors de la sécularisation les religieux furent dispersés, puis l'entreprise d'imprimerie **Koenig & Bauer** s'y installa avant de partir à la conquête du monde avec ses rotatives célèbres. Ils déménagèrent donc sur la rive droite et le monastère fut racheté par la **congrégation « der Heiligen Kindheit Jesu »** qui s'engage fortement dans le travail social et en a fait sa maison mère.

Le château de Veitshöchheim

Echterstraße 10, Veitshöchheim
Tel : 0931 / 91582

D'avril à oct., de lun à dim : de 9 à 18 heures
Visites de 10 h. à midi et de 14 à 17 heures, une fois par heure, château fermé le lundi.
www.schloesser.bayern.de

Le château pourrait s'appeler aussi châtelet, ce qui lui conviendrait bien mieux. Bâti vers la fin du XVIIe comme **pavillon de chasse**, c'était en fait un domicile pour **les loisirs des propriétaires**. Le prince-évêque **Peter Philipp von Dernbach** le fit édifier et au milieu du XVIIIe Balthasar Neumann reçut l'ordre de l'agrandir pour en faire leur résidence d'été. Il dessina aussi l'escalier menant aux deux appartements, avec celui du prince-évêque dans l'aile sud. Les pièces de l'autre côté furent réaménagées en style empire au début du XIXe par **Ferdinand de Toscane**, successeur des princes-évêques pour une courte période. Mais Balthasar Neumann n'avait pas été le seul artiste de la cour de ces princes-évêques à décorer les lieux.

C'est justement le contraste avec les pièces de représentation officielle de la Résidence de Würzburg qui frappe quand on voit le caractère personnel, privé, de ces lieux et on comprend bien que maints régents aient préféré y séjourner plutôt qu'à la Résidence.

Les jardins rococo

Ouverts toute l'année dans la journée, entrée libre
***Jeux d'eaux** : d'avril à fin octobre, tous les jours à chaque heure de 13 à 17 heures*

En haut : le joli petit château de Veitshöchheim.
Au milieu : gracieux pavillon dans le jardin.
A droite : de prétendues ruines pour donner à l'ensemble un côté antique.

SUGGESTION : *Il existe un audioguide en allemand pour les jardins (à la caisse du château).*

C'est seulement sous le prince-évêque **Adam Friedrich von Seinsheim,** de 1763 à 1768, que le parc fut conçu sous sa forme actuelle et seule la mince bande au nord mène au château. Bien que la surface en soit plate, les jardins surprennent par leur caractère varié, astucieusement combiné. La partie est semble la plus naturelle avec des enclaves diversement **boisées** alors que la zone centrale surprend par ses **haies dévoilant d'inattendues perspectives**. A l'ouest domine le vaste **étang** géométrique au milieu duquel trône un groupe dû à **Ferdinand Tietz** représentant **Apollon, les muses et Pégase** (un hommage à l'art poétique).
Le jardin est peuplé de nombreuses statues, celles plus calmes, souveraines, sont de **Peter Wagner** alors que les créatures de **Ferdinand Tietz** illustrent tout à fait ce qu'il y a de fantastique et de bouillonnant dans la fin du style rocaille.
Au XIXe les jardins ont failli être démantelés par la ligne de chemins de fer et ne furent sauvés que par l'intervention du roi **Louis Ier de Bavière**.
La **gare,** dans le style néo-renaissance cher à cette période, se trouve immédiatement derrière le château avec une **salle d'attente** prête en permanence pour la famille royale.

BARBAROSSA
MOZART II
VEITSHÖCHHEIM

Vin et culture

Le vin de Franconie et la joie de vivre – théâtre, humoristes, musique – les enfants aussi – événements culturels et mondains tout au long de l'année – services, adresses, suggestions

A gauche : les bateaux mouches partent et reviennent près de la Vieille Grue, Alter Kranen. Les flèches des chapelles, églises et cathédrale surmontent la vieille ville.
En haut : raisins peu avant la vendange.

Vin et joie de vivre en Franconie

Déjà dans les premières descriptions de Würzburg, en 779, il est question de **vignobles** et ils marquent encore la ville, au même rang que la forteresse ou la Käppele.

La **vie quotidienne** et culturelle, cette joie de vivre bon enfant, typique des régions vinicoles, se remarque ici aussi. Pendant des siècles le vin fut un important **facteur économique**. Bien d'exportation par excellence, cela explique sa qualité qui n'aurait pu être acquise uniquement par l'art des maître de chais si la nature n'avait privilégié la contrée.

C'est tout d'abord la vallée du Main, qui retient **naturellement** la chaleur et le fleuve qui empêche de trop grands refroidissements la nuit, les coteaux secs et aux pentes escarpées profitent eux aussi de l'ensoleillement. Le **sol en coquillard** permet aux ceps d'enfoncer profondément leurs racines, de sorte que les minéraux passent dans le raisin et donnent au vin cet arôme aux multiples nuances, vaste éventail de goût différents.

Les vignobles les plus renommés sont **Innere Leiste** sur le versant sud de la Forteresse et le Stein, déjà apprécié par Goethe, au nord avec, en son centre, le **Stein-Harfe** nommé ainsi à cause de sa forme de harpe.

Traditionnellement **le vin** de Franconie est un vin sec et dans la région de Würzburg il est blanc. Les cépages les plus célèbres sont **müller-thurgau** et **silvaner** auxquels s'ajoutent **riesling**, **rieslaner, kerner, scheurebe** et **bacchus**. Ces derniers temps

les **vins rouges** ont gagné de l'importance, parmi eux surtout les cépages **domina** et **schwarzriesling** qui donnent d'excellents vins. Chacun de ces cépages développe son bouquet particulier. Le caractère et la qualité d'un vin « fruité », « métallique » ou « racé » dépendront du bouquet, du coteau, de l'année et du maître de chais. Même si on n'est pas, ou pas encore, un expert, une dégustation permettra de comparer les différences avec un plaisir de plus en plus grand.

Bouteille typique, Bocksbeutel

La forme plate au ventre arrondi se trouve dans la région depuis environ deux cent cinquante ans et est restée typique pour **les vins de Franconie** malgré diverses querelles au sujet de la protection de cette forme.

Quand le conseil municipal décida en 1726 de mettre un vin d'une grande année provenant du **Bürgerspital** dans ces bouteilles caractéristiques puis de les cacheter, c'était pour en protéger l'origine, se démarquer des imitations bon marché.

Producteurs sur place

Würzburg a les trois plus **grands domaines vinicoles** de Franconie qui jouissent chacun d'une longue tradition. Ils disposent d'impressionnantes caves et de vignobles dans les meilleures parcelles. Comme ils font partie des curiosités de la ville, nous les avons présentés au début du livre dans les chapitres appropriés. Voici cependant une vue d'ensemble:

Le Bürgerspital, institution sociale fondée en 1316 et indépendante économiquement grâce à ses vignobles (voir page 73).

Le Juliusspital, également fondé en 1576 par Julius Echter, repose sur la viticulture et les bonnes œuvres (voir page 70).

La Staatliche Hofkeller par contre remonte à la longue tradition des princes-évêques (voir page 41).

Ces trois domaines offrent régulièrement des **visites guidées** de leurs caves historiques, elles vendent

A gauche : Fête du Vin dans la cour intérieure du Bürgerspital.

En haut : un bon vin continue à mûrir sur le territoire de la ville.

leurs propres vins et organisent des **fêtes du vin** ou autres événements.

Domaine viticole am Stein

Mittlerer Steinbergweg 5
Tel : 0931 / 25808

www.weingut-am-stein.de

Ce domaine privé se situe au pied du **vignoble Stein.** Il organise des fêtes **sur une terrasse** donnant sur toute la ville aux sons de musiques assez modernes comme blues, salsa, funk ou hip hop jouées par des orchestres.

SUGGESTION : *Le restaurant voisin Weinstein du célèbre cuisinier Bernhard Reiser (Mittlerer Steinbergweg 5, Tel : 0931 / 286901) offre une cuisine moderne et innovatrice.*

Tavernes

Une sympathique rencontre pour jeunes et vieux dans un cadre au charme typique local s'organise facilement au centre de la ville. On a le choix, outre les **Weinstube des deux hospices**, entre par exemple **Johanniterbäck** (Johanniterplatz 3, Tel : 0931 / 54368), le bar à vins **Weinstube Popp** (Textorstr. 17, Tel : 0931/ 52 425), **Sandertorbäck** (Sandertorstr. 18, Tel : 0931 / 13360), ou la **Weinhaus Schnabel** (Haugerpfarrgasse 10, Tel : 0931 / 53314). Au **Maulaffenbäck** (Maulhardgasse 9, Tel : 09 31 / 52351), on peut apporter son manger comme autrefois.

Autres événements autour du vin

Le Weindorf, qui a lieu chaque année sur la place du marché, et **la Weinparade** près de la cathédrale qui, elle, risque de devoir déménager sont fort connus. L'association des vignerons de Franconie organise également dans la Résidence **des fêtes baroques** chaque année.

Chemin pédagogique sur le Stein, Stein-Wein-Pfad

Ce **chemin avec ses vingt-cinq stèles informatives** grimpe sur le coteau du Stein. On part du domaine Weingut Knoll, au Mittlere Steinberg-

weg, pour quatre kilomètres qui seront récompensés par un magnifique panorama sur tout Würzburg.

Bière

Si on a beaucoup parlé ici de vin, il ne faut pas croire qu'il n'y ait pas à Würzburg un large éventail de **brasseries**. L'époque où les bars à vins particulièrement stricts n'avaient même pas de bière est bien révolue. On trouve deux grands Biergärten, jardins ombragés de grands marronniers, l'un dans le quartier Zellerau, le **Würzburger Hofbräukeller** (Jägerstr. 17, Tel : 0931 / 42970), l'autre se trouve à côté de la Vieille Grue.

Théâtre, musique, danse et chansonniers .....

Théâtre Mainfranken Theater

Theaterstr. 21
Tel : 0931 / 3908-0
www.theaterwuerzburg.de
Le théâtre municipal offre aussi bien du théâtre que des ballets ou des opéras et opérettes.

Bockshorn dans le Kulturspeicher

Veitshöchheimer Straße 5
Tel : 0931 / 4606066
www.bockshorn.de
Humoristes, théâtre, concert de chansons, musique de jeunes espoirs ou de talents déjà reconnus.

Kunstkeller Würzburg

Kroatengasse 20
Tel : 0162 / 5634996
www.kunstkeller-wuerzburg.de
Théâtre, galerie et musique, intéressantes mises en scènes.

Omnibus

Theaterstr. 10
Tel : 0931 / 56121
www.omnibus-wuerzburg.de
Blues, musique d'Amérique latine, soul, jazz, folk ... Depuis 1970 des musiciens jouent dans la plus ancienne cave de Würzburg.

A gauche : travail dans les vignobles sur le versant au sud de la colline de la forteresse. En haut : il n'est pas interdit de marcher sur les pelouses – fête du vin dans les jardins de la Résidence.

tanzSpeicher Würzburg
Veitshöchheimer Str. 5
Tel : 0931 / 4525855
www.tanzspeicherwuerzburg.de
La cave du Kulturspeicher se voue à la danse contemporaine et expérimentale ainsi qu'au théâtre dansé

Théâtre am Neunerplatz
Adelgundenweg 2a
Tel : 0931 / 4154 43
www.neunerplatz.de
Théâtre expérimental, satirique, politique, souvent accompagné d'éléments musicaux

Théâtre Chambinsky
Valentin Becker Str. 2
Tel : 0931 / 51212
www.chambinzky.com
Principalement pièces de boulevard ou folkloriques

Theater Ensemble
Frankfurter Str. 87
Tel : 0931 / 44545
www.theater-ensemble.net
Pièces traditionnelles, expérimentales ou absurdes, drames et comédies

Werkstattbühne
Rüdigerstraße 4
Tel : 0931 / 59400
www.werkstattbuehne.com
Répertoire classique et moderne, joué avec le même sens critique

Principalement pour les enfants

Das Kasperhaus
Julius-Echter-Str. 8
Tel : 0931 / 3593494
www.theater-kasperhaus.de

Plastisches Theater Hobbit
Münzstr. 1
Tel : 0931 / 59830
www.theater-hobbit.de
Marionnettes et masques pour enfants et adultes

Théâtre Spielberg
Reiserstr. 7
Tel : 09931 / 26645
www.theater-spielberg.de
Pièces créées pour petits et grands

Théâtre am Neunerplatz
Voir plus haut, des enfants jouent pour les enfants

Terrains de jeux pour enfants
- Dans le parc Klein Nizza
- sur le terrain du Landesgarten-schaugelände, entrée par la rue Zeller Str.
- Frankenwarte, sur les hauteurs près de la Käppele (Albert-Günther-Weg)

Ferme pour enfants et adolescents
Leistenstraße
Tel : 0931 / 76399
Période scolaire : du mar au ven : de 14 à 18 heures, le sam : de 10 à 15 heures
Vacances : de lun à ven : de 10 à 16 heures
www.kinder-und-jugendfarm.de
Bricoler et construire avec des matériaux naturels, vivre avec des animaux

Calendrier culturel
Nous avons choisi quelques événement culturels ou mondains parmi les plus importants, sans noter, par exemple, les nombreuses représentations en plein air des théâtres locaux.

Festival international du cinéma, Internationales Filmwochenende
Fin janvier, deux cinémas du centre ville
Tel : 0931 / 15077
www.filmwochenende-wuerzburg.de
Choix très vastes de films allemands mais surtout étrangers ; il favorise chaque année certains pays ou thèmes, depuis plus de trente ans.

Fête Internationale des Enfants, Kinderfest
En mai dans tout le centre de la ville, un seul jour
Tel : 0931 / 7948235
www.dahw.de

En haut : Würzburg-Plage près du pont aux lions, Löwenbrücke.

Africa Festival

Fin mai-début juin, sur la rive gauche du Main, près de la place Talavera.
Tel : 0931 / 15060
www.africafestival.com
Le plus grand festival de la musique et de la culture africaines en Europe. Nombreux musiciens, dont certains connus du monde entier, tout autour d'un grand bazar.

Barockfeste

En mai dans la Résidence
Tel : 0931 / 3901111
www.frankenwein-aktuell.de
Dans la résidence, spécialités culinaires et grands vins.

Village du Vin, Weindorf

Fin mai-début juin, sur la place du Marché.
Tel : 0931 / 72857
www.weindorf-wuerzburg.de
Plus de cent différents vins de Franconie accompagnés de nombreuses spécialités.

Festival Mozart, Mozartfest

En mai et juin dans la Résidence et d'autres endroits
Tel : 0931 / 372336

www.mozartfest-wuerzburg.de
Réserver d'avance. La Petite Musique de Nuit dans les jardins de la Résidence, illuminés à cette occasion, est un des grands moments pour tous.

Fête foraine, Kiliani-Volksfest

En juillet sur place Talavera, au bord du Main sur la rive gauche
Tel : 0931 / 372695
www.Kiliani-Bierzelt.de

Une très ancienne fête populaire traditionnelle avec tout ce qu'il faut pour cela, y compris la bière. Défilé en costumes folkloriques dans toute la ville pour l'ouverture.

Nuit italienne, Italienische Nacht

En juillet dans la Résidence
Tel : 0931 / 3908124
www.theaterwuerzburg.de
Spécialités culinaires et musique jouée par l'orchestre philharmonique dans les salles d'apparat.

Eté portuaire de Würzburg, Hafensommer

En août dans le vieux port près du Kulturspeicher
Tel : 0931 / 372781

www.wuerzburg.de
Festival culturel en plein air : musique, théâtre et cinéma avec en arrière plan le port pittoresque.

Fête dans le Ringpark

En août, dans le parc derrière la Résidence du côté du Petit Nice, Klein-Nizza
Tel : 0931 / 372214
Orchestre et musiques variées, programme spécial pour enfants dans la verdure.

Weinparade

En août au centre ville
Tel : 0931 / 72857
www.weinparade.de
Dégustation de vins et mousseux des domaines würzbourgeois.

Straßenmusikfest, fête de la musique jouée dans les rues

En septembre au centre ville
Tel : 0931 / 3534491
www.stramu-wuerzburg.de
Avec acrobates et magiciens.

Fête de la ville, Stadtfest

En septembre au centre ville
Tel : 0931 / 3536754
www.wuems.de
Organisée par les commerçants.

Nuit de la Résidence, Würzburger Residenznacht

En octobre dans la Résidence
Tel : 0931 / 355170
www.residenz-wuerzburg.de
Musique de chambre, visites guidées, spécialités culinaires.

Festival de jazz de Würzburg

Une fin de semaine en octobre dans la maison Felix-Fechenbach-Haus
Tel : 0931 / 46220
www.jazzini-wuerzburg.de

A gauche : concert lors de l'Africa Festival.
Au milieu : défilé de costumes folkloriques sur le Vieux Pont à l'occasion de Kiliani.
En haut : Petite Musique de Nuit dans les jardins de la Résidence illuminés à l'occasion.

Festival Bach, Würzburger Bachtage

En novembre dans l'église St. Johanniskirche
Tel : 0931 / 322846
www.bachtage-wuerzburg.de
De très haut niveau.

Marché de Noël, Weihnachtsmarkt

En décembre sur la place du marché
Tel : 0931 / 372693
www.wuerzburg.de
Devant la Maison au Faucon et la Marienkapelle, stands d'artisanat d'art devant la Vierröhrenbrunnen.

SUGGESTION : *consulter l'agenda des activités constamment tenu à jour www.wuerzburg.de/termine*

Office du tourisme, Tourist Information & Ticket Service

Falkenhaus, Marktplatz 9, 97070 Würzburg
Tel : 0931 /372398

De janvier à mars: de lun à ven : de 10 à 16 heures, le samedi de 10 à 14 heures
D'avril à décembre : de lun à ven : de 10 à 18 heures, le samedi de 10 à 14 heures
De août à octobre : en plus le samedi à 15 heure
De mai à octobre : en plus le dimanche et les jours fériés de 10 à 14 heures
www.wuerzburg.de/tourismus

Hôtels et réservations

Congress Tourismus Wirtschaft
Am Congress Centrum, 97070 Würzburg
Tel : 0931 / 372371
www.wuerzburg.de/tourismus
Sur place : office du tourisme

Auberge de jeunesse, DJH Jugendherberge

Burkarderstr. 44, 97082 Würzburg
Tel : 0931 / 42590

Terrains de camping

Kalter Quelle, Winterhäuserstr. 169, 97084 Würzburg, Tel : 0931 / 65598

Kanu-Club, Mergentheimer Str. 13b, 97084 Würzburg, Tel : 0931 / 72536

Transports en commun

WVV-citypunkt dans le passage Echter-Galerie, au coin de la Juliuspromenade et de la place Dominikanerplatz
De lun à ven : de 9 à 17.30 heures,
le samedi de 9 à 13.30 heures
Renseignements sur les horaires
Tel : 0931 / 362320
www.wvv.de/verkehr/nahverkehr

Informations cléricales

Kürschnerhof 2 , 97070 Würzburg
(près de l'église Neumünster)
Tel : 0931 / 386657 00
De lun à ven : de 10 à 18 heures,
le samedi de 10 à 14 heures

Visites et excursions

Tour de la Vieille Ville
(en allemand ou en anglais)
Information : Office du tourisme,
Tourist Information & Ticket Service
(regardez à gauche)

Visite avec le veilleur de nuit, Nachtwächter-Führung

(en allemand)
Au milieu du mois février à mars :
de mardi à sam à 20 heures
D'avril à décembre :
de mardi à sam à 20 et 21 heures
Rendez-vous à la fontaine devant l'Hôtel de ville (Domstraße, rue de la cathédrale)
Tel : 0931 / 409356
www.wuerzburger-nachtwaechter.de

Bateaux sur le Main

Le transport des passagers est assuré régulièrement pendant la saison touristique. Embarquement sur le quai près de la Vieille Grue, Kranenkai.
Autres sorties possibles.
Veitshöchheimer Personen-Schifffahrt
Tel : 0931 / 55633
Schiffstouristik Würzburg
Tel : 0931 / 58573

Monuments

Index des noms propres

Toutes les données ont été minutieusement vérifiées par l'éditeur, cependant on ne peut exclure certaines erreurs involontaires et, dans ce cas, nous vous prions de nous en excuser et sommes reconnaissants pour toute information. Ni l'auteur, la traductrice et l'éditeur ne sont responsables des possibles fautes et déclinent toute responsabilité.
(Courriels à: eh@hahnstudios.de)

Index

Informations utiles

Impressum: *2e édition* **ISBN 978-3-928645-64-5**

Idée et conception : *Klaus Schinagl, Veitshöchheim*
Photographies : *Elmar Hahn, Veitshöchheim*
Exceptées page 14 : succession d'Erich Heckel,
Page 15 : Gerhard Launer WFL GmbH,
Page 69 : Johannes Müller, Page 124, en bas : Thomas Dorn
Textes : *Christine Weisner, Würzburg*
Traduction : *Claire Pascal, Paris/Würzburg*
Production : *Design by Klaus Schinagl, Veitshöchheim*
Réalisation et impression : *Karo-Druck KG, Frangart, www.karo-druck.it*